他国防衛ミッション

晏生 莉衣
Marii ANJO

大学教育出版

ボスニア・ヘルツェゴヴィナ内戦の
すべての犠牲者の方々に
心より哀悼の意を捧げる

他国防衛ミッション

目次

イントロダクション

・1

「民族浄化」が再びニュースで報じられるようになったのは、私がボスニア・ヘルツェゴヴィナの現在について取り組み始めた頃のことだった。ミャンマーの少数民族の一つ、ロヒンギャの人々への弾圧に関する問題について、あの忌まわしい言葉が再び使われるようになったのだ。その「民族浄化」――エスニック クレンジング――という言葉を聞いて、一九九〇年代前半に起こったボスニア・ヘルツェゴヴィナの壮絶な民族紛争を思い出したのは、私だけではないだろう。

一つの国の中で平和的に共存していた異民族が対立を始め、激しい内戦が繰り広げられたボスニア・ヘルツェゴヴィナでは、約一〇万人の死者と二〇〇万人以上の避難民を出したと言われている。その民族紛争勃発当時、私はワシントンD.C.にある大学院の国際関係学の修士課程に学んでいたが、講義でもこの内戦については頻繁に取り上げられた記憶がある。「エスニック クレンジング」という、耳慣れない恐ろしい表現について、教授もアメリカ人学生も、そして留学生の私自身も、恐怖の念と嫌悪感を合わせたような感情を抱いていた。

「平和と紛争解決」プログラムを専攻していた私は、激化する一方のボスニア・ヘルツェゴヴィナ内戦について関心が大変あったが、戦況は一大学院生が足を踏み入れることなどできない厳しいものだった。私はその後も同分野の研究を続けるとともに、国際協力の仕事に就くのだが、バルカン諸国にかかわる機会には恵まれていなかった。

そんなわけで、ボスニア・ヘルツェゴヴィナの内戦が終結して二〇年以上が経ち、私はこの国のことを思うことはほとんどなくなっていた。それはたぶん世間も同様で、二〇一六年に旧ユーゴスラヴィア国際刑事裁判所で、内戦当時のセルビア系指導者だったラドヴァン・カラジッチに禁錮四〇年の有罪判決が下された時も、翌年、セルビア系武装勢力の司令官ラトコ・ムラディッチに終身刑の有罪判決が出された時も、日本では、さほど大きな世間の関心は引かなかったと思う。

しかし、この時期に思い立ってこのポスト紛争国を訪れ、過去の民族紛争を振り返りながらこの目で見て回ってみると、ほぼ四半世紀を経てボスニア・ヘルツェゴヴィナの復興は確実に進み、今では多くの外国人旅行者が訪れるヨーロッパの新しい観光国に生まれ変わっていた。旅行者は主に欧米や中東からで、日本人にはヨーロッパ旅行好きな人が多いのに、「恐ろしい紛争のあった国」というネガティブなイメージがいまだに残っているのが一因だろうか、もともとは風光明媚なこの国のあふれる魅力が日本人の間では、まだあまり知られていない。

他方、ボスニア・ヘルツェゴヴィナには、やはり過去の内戦の傷跡が深く残っているのも事実で、今を生きる私たちの世界について、私たちの平和について、様々な示唆が残されていた。

この国の壮絶な内戦は、はるか遠い国で起こった、日本とは無縁のことでは決してない。特に、日本が議論し続けてきた国連の平和維持活動への参加や、日本の国際貢献のあり方に関して、貴重な教訓や具体的な課題が示されている。それは、長年、国際協力の現場に携わってきた自分にとっても大きな発見であり、本書はそうした問題意識をもとにまとめたものである。

激化するボスニア・ヘルツェゴヴィナの内戦状況に対応するために国連平和維持活動が開始されたのは、日本が初めて本格的に参加した国連平和維持活動——いわゆるＰＫＯ——である国連カンボジア暫定行政機構（ＵＮＴＡＣ）が始動したのとほぼ同時期の、一九九二年のことだ。こういえば、日本とはあまりなじみのない旧ユーゴスラヴィア連邦の国で民族紛争が起こった当時の世界の状況について、より身近に考えることができるかもしれない。

☆

本書についてまずお断りしておかなければならないのは、本書は専門的な歴史書でも、観光ガイドブックでもないということだ。ボスニア・ヘルツェゴヴィナ内戦について焦点を当てているが、その内戦を包括的に検証する参考書でもない。それをまずお断りしておきたい。訪れた土地や場所について、必要最小限の歴史や説明は含めているが、それについても内容はまことにランダムであり、ハプニング的な展開によるものだ。

そういう本書の性格上、抜けているものは多いはずなので、本書を読んで、ユーゴスラヴィアやボスニア・ヘルツェゴヴィナについてより詳しく、系統的に史実を学びたい、あるいは、もっと多くの観光地について知りたいというように思われた方は、ぜひ、そうした分野の専門書をあたって頂くようにお願いしたい。


次に、いくつか用語の説明をしておきたい。そうするにあたっても、古代、中世までさかのぼっての背景や経緯は省略し、現在にかかわるミニマムなものにとどめておく。

最低限でも説明が必要なのは、ボスニア・ヘルツェゴヴィナには異なる民族が共存してきた長い歴史があり、国家を構成する主体である人々について、いろいろな呼び方が存在するからだ。

最初に、内戦のニュースなどでよく用いられた「ムスリム人」については、ボスニア・ヘルツェゴヴィナの民族グループの一つとしてご存知の方も多いと思う。

「ムスリム」とはイスラム教徒のこと、つまりイスラム教を信じる人、という意味だ。日本語ではよく、それにさらに「人」をつけて「ムスリム人」と言われてきたが、それでは意味的に、

「イスラム教徒人」という奇妙な呼び方をしていることになる。

背景には、この国の他の主要民族である、セルビア正教のセルビア人及びカトリックのクロアチア人との違いを明確にされることを望んでいたイスラム教徒の人々の存在があり、その人たちが「ムスリム人」という、宗教が民族概念に使用された独特のアイデンティティを与えられたのだ。セルビア人を「セルビア正教徒人」、クロアチア人を「カトリック教徒人」と呼ぶようなもので、ユーゴスラヴィア時代のボスニア・ヘルツェゴヴィナに生み出されたきわめてユニークな民族概念である。

しかし、現在は、国民の民族的分類として「ムスリム」は使われていない。人口統計では「ボシュニャク」という名称を用いるようになっている。「ボシュニャク」とは、もともとは宗教や民族の違いにかかわらず、主にボスニア・ヘルツェゴヴィナに住む南スラブ人のことをそう呼んでいたが、現在は、基本的に「ボスニア・ヘルツェゴヴィナのムスリム」を意味する。

要約すると、現在、ボスニア・ヘルツェゴヴィナは、ボシュニャク、セルビア人、クロアチア人、その他、という四つの民族のカテゴリーを公的に使用している。「その他」には、ユダヤ人、ロマ民族といったマイノリティの人たちが含まれる。

もう一点の説明は、本文中、ボスニア・ヘルツェゴヴィナ国民のセルビア人、クロアチア人を、セルビア国民のセルビア人及びクロアチア国民のクロアチア人と混同しないために、それぞれ「セルビア系」、「クロアチア系」というように表現している。それに加えて、ボシュニャクについては「ムスリム系」としていることが多いが、文脈によっては「ボシュニャク人」「ムスリム人」という表現も用いている。

入り込んだ民族のジグソーパズルを一つ一つはめていくようで圧倒されてしまいそうだが、本書では、こうした大変複雑な民族構成を持つボスニア・ヘルツェゴヴィナを、現地の人々とのエピソードを時に交えて、なるべくわかりやすく、ごく普通の人間の視点に立って伝えることに留意した。

第一章

サラエヴォ

――狙撃兵が去った危険地帯を行く――

サラエヴォ国際空港。飛行機から直接、空港のコンクリートの地面に降り立った。

空気が違う。

唐突に、そう感じた。

到着は午後二時過ぎ。晴天で、まばゆい陽の光が注いでいる。あたりを見回すと、二階建ての小さいターミナルビルがあり、反対側に目を向けると、赤黄緑色の小高い山々があった。

そうだ、山の空気だ。

東京生まれで東京育ちの私には登山の経験はなく、山が近くに見えるような土地に住んだこともない。この一〇年ほど、自然あふれる環境に身を置く機会もほとんどといってなかったと思う。だからだろうか。自分がなじみのない空気の中に立っていることに気づき、不思議に思ったのだ。

風はなく、日差しは強烈で、想像以上にかなり暑い。しかし、カラッとしたすがすがしい空気が心地よかった。

異国を初めて訪れる時には、いつも特別な感覚を覚える。感動というのとはちょっと違う。英語でいうならmixed feelingsだ。期待と不安が入り混じる心で、私は入国手続きの待つビルを目指して歩き出した。

初めてではあったが、この空港には見覚えがあった。といっても、それはバーチャルなもので、ボスニア・ヘルツェゴヴィナ紛争について伝える国際ニュースに映し出されていた、当時の空港の様子が記憶に残っているのだ。

サラエヴォ空港は内戦勃発してまもなく、セルビア人主体のユーゴスラヴィア人民軍とセルビア系武装勢力によって占拠された。その空港を、人道支援物資輸送の飛行機の離発着のために国連の管理下に置くことを可能にしたのは、危険を冒して砲火交わるサラエヴォを電撃訪問し、交渉を成立させたフランスのミッテラン大統領だった。セルビア系武装勢力は撤退し、以後、ブルーヘルメット、すなわち国連軍の兵士たちが配備され、空港の安全を守ることになった。

もちろん、現在ある空港ビルは当時のものではなく、紛争終結後に再建されたものだ。

サラエヴォの宿

空港には、宿泊するアパートメントのオーナーのSさんが迎えにきてくれた。Sさんの車に乗り込んでから二人でさしさわりのない天候の話をしているうちに、幅の広い道の両脇にポツポツとビルが見えてきた。新しいビルの建設がされているのをながめる私に、

「サラエヴォの街並みは、今はよく整えられているでしょう？」

と、Sさんが言った。

Ｓさんは車を走らせながら、その景色に合わせるようにして復興の様子について話した。上手に英語を話すＳさんは、その過去の戦いを語るのに、「war」という言葉を使った。

あぁ、そうなのか。私は着いて早々に、気づきを得た。日本では一九九〇年代のこの国の内戦を「ボスニア紛争」と呼ぶことが多いが、この国の人たちにとって、それは「war」、戦争そのものだったのだろう。

私はその後も、ボスニア・ヘルツェゴヴィナの人々から、何度も「war」という言葉を聞くことになる。誰一人として、「conflict」（紛争）とは言わなかった。

それにしても、ボスニア・ヘルツェゴヴィナの人と当時の悲惨な出来事について話すのは初めてだったので、何をどこまで聞いていいのか、私にはよくわからなかった。すでにメールのやりとりはしていたが、実際にはさきほど会ったばかりだ。Ｓさんのほうから「戦争」について話してくれたとはいえ、こちらから、あまり個人的な体験を聞くのはためらわれたのだ。

年齢を知らないが、ヒジャブをかぶっておらず、セミロングの髪をおしゃれにアレンジしているＳさんの容姿から想像すると、当時はティーネイジャーというところだろうか。

私は、あいまいに尋ねた。

「今はどんな感じなのでしょう？　この国の平和は保たれていると思いますか？」

「私たち、普通の人々の間では。私たちは問題なく仲良くやっていると思いますよ。問題なのは政治家たち。自分たちの利益で動くから。すべてポリティクスが問題」

ポリティクスが問題なのは、どこの国でも同じようだ。しかし、この国の人から聞くと、重みが違う。

「私たちはみんなでうまくやっていこうと思っているし、実際にうまくやっているんですよ。宗教の違いなんて問題にしたりしないし」

Sさんの語り口調からは、自分たちの平和な生活を守りたいという真摯な思いが伝わってきた。


道は複数車線の大通りとなり、市街に入って歩道を行く人々の姿も目につくようになった。やがて車は大通りから右折し、さらにいくつかの通りを曲がったあとで、Sさんのアパートメントがある建物の前で止まった。

アパートメントビルとしては思ったよりひょろりと背が高い。旧ユーゴの社会主義時代に建てられた高層アパートなのだろう。外見は古く、コンクリートが剥がれているような箇所も目につく。

中に入ると暗いエントランスの奥にエレベーターが二台あって、中年の女性が一人、エレベーターを待っていた。女性はSさんと知り合いなのか、私たちを見るとすぐさま声をかけてきた。現地の言葉なので、何を言っているのか、私はわからない。とはいっても、見慣れぬ外国人の私のことを聞いているのだろうと、想像がついた。Sさんが、日本から来た人だと説明しているようだ。

するとその女性が、今度は英語で私に話しかけてきた。

「いやはや、なんでまたこの国に来たのかい？」

とても気さくな話し方なので、訳すとこんな感じになる。そんな想定問答は用意していな
かったが、私はとっさに答えた。

「この国がとても美しい国だからですよ」

この国の歴史に興味があってとか、平和の状態を知りたいとか、そういうむずかしいことは、
自分の頭の中に置いておいた。

「そうよ、この国は本当に美しいのよ」

私の答えを喜んでくれたようで、中年の女性がうれしそうに言った。

「七階にいるから、なにかあったらいつでも寄ってらっしゃい。ドアにね、名前が書いてある
から。スペルは……」

その人がさらに続けようとしたところで、Sさんが会話に割って入った。

「この人は一泊しかしないから」

「あら、そうなの？　たった一泊？　まぁ、残念だわ。この国はいいところよ。楽しんでね」

私としてはそんなふうに普通のサラエヴォ住民の方と話をする機会は大歓迎だったので、なにかなくても、ぜひともお邪魔します、と答えたかったのだが、Sさんは、私が見知らぬ人から長々と話しかけられて、困っていると思ったのかもしれない。

スナイパー ストリート

Sさんのアパートメントが位置的によかったのは、バスターミナルに近いこともあるのだが、もう一つ大切なポイントだったのが、「スナイパー ストリート」、文字通りに訳せば「狙撃兵通り」に近いことだった。

戦争中に多くの市民が狙撃兵の銃弾の犠牲となった悪名高いその通りを歩いてみること。そして、その通りにある旧ホリデイ・インに行ってみることは、私がサラエヴォ到着後の行動リストの上位にあった。加えて、旧ホリデイ・インの向かい側あたりに国立博物館と歴史博物館があり、午後七時まで開いているらしいので、時間的に間に合えばそれらを見学したい。

ただ、アパートメントに向かう車の中で、Sさんには、博物館に行ってみたい、とだけ言った。スナイパー ストリートを歩いてみたい、とは言えなかった。そんなふうに言ってしまうのはなにか軽すぎて、ためらいを感じたのだ。かつて無情なスナイパーらによって一般市民の命が次々と奪われたその場所を、観光気分で見に行くかのように聞こえてしまうのでは。私はそんなことを恐れたのだと思う。

「博物館なら、さっき車から見えたミリャツカ川沿いの通りをずっと歩いて行けばいいですよ。一〇分くらいで行けますから」

私の言葉を信じたSさんは、そう教えてくれた。

十一階のアパートメントに着くと、ドアには鉄格子の防犯扉がつけられて二重になっている。Sさんは室内に入ることもなく、鍵の開け閉めについて説明すると、あっさりと立ち去っていった。サラエヴォの人のテンポはまだよくわからないが、あとの予定が詰まっていたのかもしれない。

アパートメント内では靴を脱ぐルールになっていたが、これはイスラム教の習慣によるのだろう。私は、世界最大のイスラム教徒人口を持つインドネシアに仕事で何度も滞在した経験から、この習慣を知っていた。インドネシア人の自宅にお邪魔する際には、現地の人にならって、いつも靴を脱いでから家に上がらせて頂いていたのだ。同じ習慣を持つ日本人にはなんら問題のないルールだし、自分は海外に出る際にはなにかと便利なスリッパをいつも持参している。私は今回もスーツケースに入れてきたスリッパにさっさと履き替えて、中へと入った。

古びた外見からは想像できないほどきれいに改装されたアパートメントの、モダンなインテリアに感心しながら室内に荷物を置くと、私はちょっと一息ついただけで、再び靴に履き替えて外に出た。

スナイパー ストリートへ直進する予定を変更し、Sさんが教えてくれたその手前にあるミリャツカ川沿いの道を行くことにした。プリントアウトしてきたグーグルマップで確認すると、スナイパー ストリートと平行する道なので、目当てのビルが遠くに見えてきたら、どこかの角を曲がってスナイパー ストリートに出ればいい。川岸の道は、現在は地元の人に人気の散歩道のようだ。車道は車の通行がけっこうあるが、きれいな並木道になっていて、ところどころ、葉っぱが黄色に色を変えている。その両脇の歩道は広く、小さいヨチヨチ歩きの子どもを遊ばせている若い母親たちがいたり、子犬を連れてゆっくりと散歩している老齢の人たちがいたり。実にのどかな風景が広がっていた。

この辺りはムスリム系住民が多く占めていた地域だったが、サラエヴォで内戦が始まると、まもなくセルビア系武装勢力の支配下に置かれた。地域の住民は自ら逃げたか、強制退去させられたか、捕虜になったか、殺されたか、のいずれかだ。約四年間にわたるサラエヴォ包囲が終わりを告げると、セルビア系武装勢力が撤退し、この地域はようやくボスニア・ヘルツェゴヴィナ政府側に戻されたのだ。

ミリャツカ川をはさんで北側のこの通りでは、セルビア系勢力が川を越えて中心部に侵攻するのを食い止めるため、激戦が繰り広げられた。

私はそのかつてのバトルフィールドと化した通りを歩いているのに、歩道には、とまどうほどのんびりとした空気が漂っていて、当時の様子を想像するのはひどくむずかしかった。Sさんは一〇分で着くと言っていたが、さらに歩くこと二〇分ほど。並木道の左側の先に、ようやく、あの黄色いビル、旧ホリデイ・インが見えてきた。


旧ホリデイ・インは、一九八四年にサラエヴォで開催された冬季オリンピックのために建築された。オリンピック開催国は当時のユーゴスラヴィア。ボスニア・ヘルツェゴヴィナは旧ユーゴ連邦を構成する共和国の一つだった。

それまでのサラエヴォのホテルは外観もインテリアもオスマン帝国やハプスブルク帝国（オーストリア＝ハンガリー帝国）時代の影響を受けたものがほとんどだったが、このホリデイ・インはその影響下から抜け出した新しい時代のサラエヴォを象徴するかのように、当時からすると流行の最先端を行く国際的なホテルとして誕生した。建築という観点からすれば、ボスニア・ヘルツェゴヴィナの長く古い歴史に区切りをつける存在に、このホテルはなったのだ。

ホテルは、国内外の政治家や著名人、芸能人などが集う華々しい社交の場となった。

その後、ティトーの死によりユーゴスラヴィアが危機の時代に入ると、ホリデイ・インが持つコンフェレンスルームには、地域の政治家たちが頻繁に出入りするようになって、インターナショナルな観光ホテルはこの地域の行方を議論する政治フォーラムの場へと変容していく。

そして一九九二年四月。このホテルは、また、新たな歴史のまっただなかに立たされることとなった。一九九六年二月二九日まで続く、サラエヴォ包囲だ。

ホテルが面するサラエヴォのメインストリートを行く住民たちは、街を取り囲んだセルビア系武装勢力の標的となった。熾烈な内戦の様子が世界に漏れ始めると、ホリデイ・インは、サラエヴォ住民の惨状を報道しようと続々とやってくる外国人ジャーナリストたちをメインゲストとして迎えることとなった。

しかし、その一方で、このホテルにはあまり語られていない同時代の歴史の裏側もあった。

一九九二年四月五日。ムスリム系勢力が占めるボスニア・ヘルツェゴヴィナ政府が独立宣言すると、それに反発したセルビア系勢力との対立が激化。翌日、当時のEC（欧州共同体）がボスニア・ヘルツェゴヴィナの独立を承認すると、多民族共存による平和を求める群衆が、反戦を訴えてボスニア議会ビルに集結した。

当時、ホリデイ・インには、ボスニア・ヘルツェゴヴィナのセルビア系政治指導者で、のちにジェノサイドと人道に対する罪で裁かれることとなったラドヴァン・カラジッチを党首とするセルビア民主党の事務所が置かれ、カラジッチ一派の拠点となっていた。カラジッチ勢力のスナイパーは、議会ビルから大通りへと平和行進を始めた群衆に向けて、ホリデイ・インから発砲。六名の犠牲者が出た。

カラジッチ一派はそのスナイパーによる狙撃の混乱をぬってホリデイ・インから逃走した。すでに、前日にも行われた平和行進の中から最初の犠牲者二名が出ていたが、そのスナイパーの銃弾もホリデイ・インから発砲されたという説もある。

大セルビア主義に基づいた民族主義者カラジッチ率いるセルビア系武装勢力は、隣国セルビアの軍部が主導するユーゴスラヴィア人民軍の支援を受けてサラエヴォを攻撃。反撃するムスリム系のボスニア・ヘルツェゴヴィナ政府軍との武力衝突が勃発した。セルビア系武装勢力は、サラエヴォの街を取り囲む丘陵地帯に戦略的な包囲網を張り、サラエヴォの街を封鎖した。

そして、セルビア人国家の拡大にむけて、その邪魔者となる存在をすべて消し去ることを目的とした、容赦ない殺戮活動が展開されることになった。

Great《グレート》 Serbia《セルビア》を叫び、ボスニア・ヘルツェゴヴィナをセルビアの支配下に置こうとするセルビア系民族主義者たちにとっての邪魔者とは、ムスリム系住民だけではない。サラエヴォには、そうした勢力の軍事行動に反対し、多民族の平和的共存を求めるセルビア系やクロアチア系の住民もいた。また、ごく少数だが、ユダヤ人、ロマ民族の人々も住んでいた。民族の多様性を誇りとして共生していた、これらの人々すべてが邪魔者だった。カラジッチは、邪魔者の一掃を公言してセルビア系武装勢力を率いた。邪魔者は同胞のセルビア系住民であろうと、容赦なく殺した。

スナイパーストリートに建つ旧ホリデイ・イン

　このように、ホリデイ・インは、その後の約四年間で一万人以上の人々が犠牲となったサラエヴォという戦場でも、歴史の舞台となった。オリンピックに集まる世界各国からのゲストを迎えて夢一杯だった開業当時、このホテルがやがて、民族対立による殺戮のただなかに立たされることになるとは、誰が想像しただろうか。

　時計の針を進め、一九九六年二月にサラエヴォ包囲がようやく終息を迎えると、ホリデイ・インにもたらされていたサラエヴォ戦線のフロントラインという位置づけも自然消滅することになった。引き上げていく外国人ジャーナリストと入れ替わるように、今度は、NATO（北大西洋条約機構）をはじめとする国際機関関係者が、かろうじて機能を残したこのホテルを利用するようになる。

同時に、破壊され尽くした国の再建のために、海外から多くの援助関係者がサラエヴォにオフィスを開いたが、月日が経って国際社会の支援がだんだんと縮小するにつれ、このホテルの運命も下降の一途をたどる。収益の悪化は止まらず、アメリカで生まれた「ホリデイ・イン」のブランドも失い、一時は閉鎖にも追い込まれた。

その後、現地のビジネスマンが再建し、二〇一六年に「ホテル・ホリデイ」としてようやく営業を再開した。開業当時と同じ黄色い外観は修復され、大規模なフィットネスクラブを備えるなど、復興後のサラエヴォを代表するホテルとして新たな一歩を踏み出した。再オープン後は、サラエヴォ映画祭のガラ・レセプション会場になるなど、ホテルは過去の華々しさを取り戻そうとしている。

私は視界に入った黄色いビルを目指し、数人の地元の人が川沿いの通りから空き地を突っ切って行くのを追うようにして、スナイパー ストリートへと出た。信号が青になるのを待ってから大通りを渡る。地元の人が早足で渡るのについていくが、片側四車線もある大通りなので、道の真ん中にあるトラムの乗り場のところで信号が赤に変わってしまって渡りきれない。内戦中はこのトラムもスナイパーの標的となり、乗客の命が狙われた。私はトラムに乗らない人たちとともに、そこで再び青信号を待ち、ようやく向こう側に渡った。

あたりはビルが立ち並んでいるわけでもなく、にぎわっているという雰囲気はない。内戦で荒廃したままのようなビルも目に入ってきた。さみしげな空気の中、私はようやく旧ホリデイ・インにたどり着いた。

改装されたホテルの外装は、イエローのペンキが塗りたてのようにきれいだ。正面玄関方面の壁に冬季オリンピックのエンブレムが刻まれていた。私は息をひそめるようにして玄関へと近づいて、恐る恐るホテルの中へ足を踏み入れた。

外の明るい陽ざしの中からホテルに入ってきたせいだろうか。目の前を流れる空気が薄暗い。中途半端な時間だったこともあって、ロビーは閑散としていた。右手にフロントデスクがあって、各国の時刻を示す壁時計がずらりと並んでいた。制服姿のスタッフが下を向いてなにかしているが、客はいない。

左手には、カフェかレストランのようなスペースがあったが、この時間は営業していないようで、客の姿もサービスする係の姿もない。ここでコーヒーでも頼んで一休みして、ホテル内の様子をながめながら、内戦当時のことを回想してみたいと思っていたのだが、あてがはずれてしまった。私は早々に、ホテルから退散することにした。

それに、なぜか、この場所に長く足を留めていたくなかった。なぜだろう。カラジッチの幻を見たわけではない。しかし、なにかとても空虚なものが私に忍び寄ってくるような感じがした。そのままそこにいたら、自分がその空虚さの中に包み込まれて、息ができなくなるような気がした。

実は、内戦の報道を続けた外国人ジャーナリストたちを描いた映画の舞台にもなったこのホテルへの興味から、私は、一度はここに予約を入れていた。その後、翌日のモスタルへの移動にも便利なSさんのアパートメントを見つけたのでキャンセルしたのだが、それは私にとってはベターな選択だった。実際にその場に立ってみて、そう悟った。このホテルには悲劇的な過去が多すぎて、泊まったとしても私の心は休まらないに違いない。

私は長い時間をかけてここまで歩いてきたにもかかわらず、自分の存在の証を残すこともなくホテルを後にし、スナイパー ストリートに戻っていった。

この通りでスナイパーの銃弾の犠牲者となったのは、サラエヴォの人々だけではなかった。

ボスニア・ヘルツェゴヴィナで内戦が勃発すると、休戦への環境を生み出すために、国連保護軍（United Nations Protection Force, ＵＮＰＲＯＦＯＲ）がまずサラエヴォに派遣された。ＵＮＰＲＯＦＯＲは情勢の安定化のために全土に拡大していったが、サラエヴォには多くのフランス人部隊が投入され、危険の中、終戦まで活動を続けた。

一九九五年四月十五日土曜日のお昼過ぎ、活動中のフランス人兵士が、スナイパーから狙撃されて一瞬のうちに命を落としたのもこの場所だった。道の向かいのサラエヴォ大学ビルの前のあたりで、通行人をスナイパーの銃弾から守るための防護壁を作るために、コンテナをバリケードのように道沿いに設置する作業をしていたフランス人部隊のうち、フォークリフトを運転していた兵士が狙い撃ちされたのだ。

グルバヴィッツァ近くの住居ビル

犠牲となったのは、三〇歳になったばかりの兵士で、二人の幼い女の子の父親だった。レバノンやイラク、中央アフリカ共和国などの紛争地で活動してきた、経験豊かで優れた兵士だった。

その前日には、サラエヴォ空港近くで別のフランス人兵士がスナイパーの銃撃で命を落としており、二四時間以内に二人のフランス人兵士が犠牲となった。

ガイドブックには今でも「スナイパー通り」と書かれているが、「旧スナイパー通り」のほうが正しいだろう。もはや、この通りに私の命を狙うスナイパーはいない。過去の危険は去ったのだ。

旧スナイパー ストリートの向こう側には、博物館の白い建物が二つ並んでいるのが見えた。歴史博物館には内戦の資料が展示されているそうなので、ぜひとも寄りたかったのだが、すでに日暮れが近づく時間となっていた。それでこの日はあきらめて、安全第一で、明るいうちにアパートメントに戻ることにした。

当初は旧スナイパー ストリートを歩いて帰ろうと思っていたが、殺伐としたその大通りより川岸の並木道を歩くほうが、断然、気持ちがいい。それで、川岸の道に戻ると、さきほどの並木道は、いわゆる歩行者天国になっていた。

夕暮れ前のゆるやかなひととき、行きに歩いた時よりもさらにリラックスした雰囲気にあふれていた。車が通らなくなった車道をサイクリングで通り抜ける若者。子どもに自転車の乗り方を教えている若い父親もいる。バギーを押しながら歩く老若男女の家族連れらしい姿もあった。

人々は、過去の出来事を忘れてしまったかのように、思い思いに平和な時間を楽しんでいる。時の流れがそうさせているのだろうか。かつて日本でも言われたように、この国は、もはや「戦後」ではないのかもしれない。

今日を生きるサラエヴォの人たちの心の中に、平和はあるのか。

わたしのような傍観者がわかるはずもないのだけれど、ともかく私は、この時、この場所で、サラエヴォの人々の日常に、小さな平和を見つけたような思いがしていた。

しかし、なんとも中途半端な一日となってしまった。これだったら、あの話好きで気さくなおばさんのところへ、スーツケースにいつも入れている和風小物を手土産に、訪ねていってみればよかった。そうすれば、戦争の話を聞くこともできたかもしれない。おばさんの心に平和はあるのか、少しはわかったかもしれない。

私はそんな後悔を感じながら、どうにか迷うことなくSさんのアパートメントがあるビルに戻ってきた。

ビルは、グルバヴィッツァという地区の外れにある。私はサッカーに詳しくないので後から知ったのだが、ボスニア・ヘルツェゴヴィナでは国民的英雄で、日本代表チームの監督を一時務めたイビチャ・オシムさんがグルバヴィッツァの出身なのだそうだ。内戦中は、オシムさんの妻と娘がここに閉じ込められた状態が数年続き、一家は大変苦しい時を過ごされたという。

このビルの外壁が剥がれていたりひどく傷んでいたりするのは、当時の銃撃や砲撃が残した跡なのだ。銃弾や砲弾によって開けられた穴があちこちに目立つというのではなく、全体的に外壁のセメントが古くなって傷んでいるという印象だったので、最初に到着した時にはわからなかった。ところどころ黒くなっているのは、砲弾で火の手が上がり、焦げた跡なのだろう。

グルバヴィッツァ界隈を歩き、旧スナイパーストリートを歩き、旧ホリデイ・インに行き、そしてこのビルの前に戻ってきて再び見上げた時、私はようやく悟ったのだ。


翌朝、私は冷たい空気に身を縮ませながら、アパートメントのキッチンの窓から外を見渡した。

朝陽が雲を薄いオレンジ色に染めて輝く街の景色が美しい。十一階なのでながめがよく、窓の下に広がる街並みが見渡せる。紅葉しかかっている木々に混じって、高層の住居ビルが目につく。どれもけっこう大型で、このアパートメントのビルと違って、外壁はきれいで、戦争の傷跡はない。

朝陽の方向と昨日歩いた道の記憶からすると、窓から見えているのはグルバヴィッツァの方面だ。戦争が終結してムスリム系の政府側に引き渡されてから、忌まわしい記憶を残すものはすべて撤去され、取り壊され、グルバヴィッツァは再生されたのだろう。このアパートメントのビルが再生されずに残っているのは、グルバヴィッツァではなく、隣接する区域に位置しているからかもしれない。

日中の暑さとはうってかわって朝晩は秋冷が厳しいせいだろうか。遠くには霞が広がっている。そのかなたには、小高い山々のなだらかなシルエットが左右にうっすらと見える。その山々は、セルビア系武装勢力の攻撃の拠点だった。建物は取り壊せても、山々はいまも同じ姿でそこにあって、サラエヴォを見下ろし続けている。

平和に満ちたグルバヴィッツァの朝がキラキラと輝くのを、私はうっとりとながめた。どこからか、アザーンが聞こえてきた。

サラエヴォからモスタルに移動する際には、再度、Sさんが近くのバスターミナルまで車で送ってくれた。

「下に着いたから降りてきてください」

迎えの時間になる頃、アパートメント内で待っていると突然、玄関の壁にある電話のようなものがビーッと鳴り出して、ビルの入り口の外にいるSさんの声がインターフォンから聞こえてきた。こんな古いビルなのに、ちゃんとインターフォンが繋がることに驚いた。ビルの玄関は鍵式のロックがあって部外者が入れないようになっているし、東京のそんじょそこらのアパートより、セキュリティはずっとしっかりしている。部屋ではWi-Fiが無料で問題なく使えたし、モダンに改装されているだけでなく、利便性が高いことも驚きだった。

Sさんがアパートメントのレンタルを始めたきっかけは、結婚してもっと広いところへ引っ越したことだという。空いたアパートメントをどうしようかといろいろ考えたが、賃貸アパートとして貸してしまうと住む人が部屋を大切に使ってくれるかわからないし、なにかのトラブルで面倒なことになるのもSさんはいやだった。民泊用にして観光客に短期間貸す方法なら、アパートメントを有効活用しながら自分でコントロールできるので、始めてみることにしたのだそうだ。

「アパートメント、リノヴェーションしたのでしょう？　インテリアがおしゃれですね。とても気に入りました」

「それはよかった。全部、自分のアイディアでコーディネートしたんですよ」

Sさんはうれしそうに、そしてちょっと誇らしげに言った。

なかなかのビジネスウーマンだ。イスラム教の女性というと、父系社会の中で受け身の生き方をしているようなイメージがありがちで、しかもボスニア・ヘルツェゴヴィナのムスリム系住民といえば、なにかと被害者的なイメージもまとわる傾向があるが、Sさんはそんないずれのステレオタイプにも当てはまらない。サラエヴォの女性がこんなふうに積極的に自分で起業しているのは意外で、私はすっかり感心してしまった。

この日もヒジャブを被っていなかったが、それはSさんだけではなく、イスラム系の国では典型的な、頭を布で覆っている女性の姿を、私はサラエヴォで見かけていなかった。

Sさんの国のことを聞いてばかりでは失礼なので、別れ際、日本について簡単に話した。

日本人は宗教というものについてとても寛容で、ある意味、あきれるほど無頓着なこと、だから政治の世界でも宗教が争いの焦点になることはこれまでほとんどなくやってきていること、そして人々はキリスト教信者でもないのにクリスマスを盛大に祝うこと、なんのために祝っているかよくわかっていないけれど、国民の多くはそれを疑問に思ったりもしていないこと、おまけに最近はハロウィンやイースターまで祝うようになって、よけいに何がなんだかわからなくなっていること――

ボスニア・ヘルツェゴヴィナとの比較の観点を入れて紹介すると、そんなふうになった。Sさんが日本という国についてどんな印象を抱いたかは、定かではない。

第二章

モスタル——美しい古都に今なお残る対立——

ボスニア・ヘルツェゴヴィナという国名は、国の名前の見かけとしてはちょっと変わっている。略してボスニアということも多いが、では「ヘルツェゴヴィナってなに？」と、思う人もいるかもしれない。日本の外務省は「ボスニア・ヘルツェゴビナ」と表記しているので、私もそれに則って、ボスニアとヘルツェゴヴィナの間に中黒《なかぐろ》と呼ばれる「・」をつけて記しているのだが、日本語表記中の「・」は何を意味しているのだろうか、という疑問が湧く。

正式な国名は、ボスニア語では、Bosna i Hercegovina である。ボスニアとヘルツェゴヴィナの間の「i」は、英語の and にあたる。長い国名なので、BiH と略されることが多い。英語表記は Bosnia and Herzegovina で、ボスニアとヘルツェゴヴィナの間に and が入る。

つまり、この国は、「ボスニアとヘルツェゴヴィナ」という名前なのである。こうしてみると日本語表記中の「・」は、とても意味不明でわかりにくい。

それはさておき、ボスニアもヘルツェゴヴィナも地域の名前で、ボスニアは国の北部、ヘルツェゴヴィナは南部を指す。もともとは隣接する別々の地域だったが、十四世紀、中世ボスニア王国が当時は「フム」と呼ばれていたヘルツェゴヴィナ地方を領内に納めて統一し、これが「ボスニアとヘルツェゴヴィナ」の領土的統合の基礎となった。

ちなみに「ボスニア」は、サラエヴォ郊外に源流があるボスナ川（Bosne）に由来しており、古代まで遡った現地語、あるいはローマ時代のラテン語から発していると言われている。

一方、「ヘルツェゴヴィナ」の由来は十五世紀と比較的新しい。当時のその地方の統治者が、自ら「公爵」を意味するHercegと称し、その統治領がヘルツェゴヴィナと呼ばれるようになったことに起源するそうだ。ヘルツェゴヴィナをその地方の正式名としたのは、同世紀後半にボスニア王国を滅亡させたオスマン帝国によるのだというから、歴史のねじれの産物とも言える。

その後のこの国の長い歴史について、ここですべて語ることはできない。オスマン帝国による四世紀にわたる直接統治、ハプスブルク帝国による併合、サラエヴォ事件と第一次世界大戦、第二次世界大戦とパルティザンの結成、ユーゴスラヴィア連邦の成立、連邦からの独立、そして、民族浄化と大虐殺を生んだあの戦争。現在に至るまでのこの国の変遷を、ものすごく簡潔にまとめればこんなふうになるが、これだけでも、「ボスニアとヘルツェゴヴィナ」という国が、どれだけ激しい歴史の大波に襲われてきたか、想像するに難くない。

繰り返しになるが、私はここで歴史書を書こうとしているわけではないので、最小限必要な時代背景について折々触れることになるが、国名の解説がなぜここで必要だったかといえば、要するに、現在、首都サラエヴォはボスニア地方の主要都市、モスタルはヘルツェゴヴィナ地方の主要都市だ、と言いたかったためである。モスタルは、サラエヴォに次ぐ人気の観光地でもある。

☆

モスタルの宿に選んだ小さなペンションから一分も歩かないうちに、旧市街のメインストリートに出た。メインといっても石畳のような造りの細い路地で、両脇には小さいお土産屋さんが所狭しと軒を連ねている。路面にはつるつるとした丸い石がきれいにデザインされて敷き詰められていて、その上を歩くのは、素晴らしい芸術品を踏みしめているようで、なんだかとても贅沢な気分になる。

そのユニークな歩道とお土産屋さんのこじんまりした古い建物、そして軒先に並べられた黄金色の茶器や色とりどりの織物などの工芸品の数々が相まって、ネレトヴァ川に沿って続くモスタルのオールドバザールは、非ヨーロッパの不思議な雰囲気をかもしだしている。

オールドバザール

それゆえ、「オスマン帝国時代の名残が残る町」といわれ、多くの外国人旅行客でにぎわっているが、私はオスマン文化にくわしくないので、ここがどれほどその時代の町に似ているのかわからない。ただ、現代ヨーロッパの中にいまも残るオスマン調の町といわれる風景に惹かれて、モスタルのこの一角を訪れる人々が多いのは、確かなのだろう。

世界遺産の石の橋

オールドバサールで一番の観光スポットは、世界遺産の石の橋、スタリ・モストだ。ボスニア語でスタリ（Stari）は橋、モスト（Most）は古いという意味だから、「古い橋」あるいは「古橋」という実に素朴な名前のついた橋で、英語ではわかりやすく「オールドブリッジ」と呼ばれている。モスタルといえばまずこの橋の名があがるほど、モスタルで最も有名な歴史的建造物だ。

スタリ・モストは、石造りの橋がアーチを描く優美さ

世界遺産の橋スタリ・モスト

が旅人を魅了するのだが、ユニークなのは、歩面までが石造りでアーチ状になっているところだ。いざ渡ろうとすると、傾斜がかかっている上に石の路面がつるつるしており、非常に歩きにくい。川幅はそれほど広くないので橋としては短いが、慣れない足では一歩歩くのにかなりの努力と注意が必要とされる橋だ。

しかし、足場を固めて橋の上から周囲を見渡せば、すっと伸びる白いモスクや碧緑《へきりょく》の穏やかな川面の景色がまた、実に詩的な雰囲気を醸《かも》し出している。その絵画のような風景を写真に収めようと、たくさんの人たちが立ち止まってカメラをかまえるので、橋の上は渋滞状態だ。


モスタルと橋の深い関係性については、モスタルは歴史的にネレトヴァ川を中心に栄えてきた土地で、川にかかる橋々が両岸の居住地を結ぶ重要な役割を果たしてきたことに原点がある。モスタルという名も、スタリ・モストの前身だった古い木造の吊り橋を守っていた番人が、ボスニア語でモスタリ（mostari）と呼ばれていたのに由来していると言われている。

オスマン帝国支配下の十六世紀に、重要な戦略拠点の一部として建造された石の橋は、統治の主役が変わってもその強固かつ優美な姿を四〇〇年以上保ち続け、ムスリム系住民、クロアチア系住民、セルビア系住民を中心とする異なる民族がネレトヴァ川を囲むように共存して暮らすモスタルにおいて、どの民族にも開かれた主要な生活路となった。

このスタリ・モストが古くも新しくもモスタルのシンボルと言われるのは、概念的な意味合いだけでなく、ネレトヴァ川の上にかかるスタリ・モストを中継拠点のようにして、旧市街のメインストリートが両岸に続いているという、地形上の実質的な理由からでもあることは、旧市街をてくてくと歩いてスタリ・モストを渡ると理解できる。ユネスコ（国際連合教育科学文化機関）の世界遺産に登録されたのがこの橋だけでなく、「モスタル旧市街のスタリ・モスト地域」となっているのも、スタリ・モストを中心にして、地域が歴史的、文化的に発展したことを示している。

ところが二〇世紀の終わり、多民族の寛容によって成り立っていたこの国の不寛容な内戦により、スタリ・モストは無残にも破壊されてしまう。内戦後、モスタル再建の一環として、橋は国際的な協力によって二〇〇四年に再建され、アーチ状の美しい石橋が甦った。ユネスコの世界遺産に登録されたのはその翌年のこと。四世紀にわたってモスタルの多様性の象徴であったスタリ・モストは、モスタルの破壊と死の象徴となり、再建を経て、復興と和解の象徴と言われるようになった。

モスタルの二つの内戦

ボスニア・ヘルツェゴヴィナ内戦において、モスタルは二つの異なる戦いを経験している。

一つ目の戦いは、サラエヴォ包囲が始まったのと同時期の一九九二年四月から約三か月間続いた。モスタルをも支配下に置こうとするセルビア系武装勢力が、セルビア人中心のユーゴスラヴィア人民軍の支援を受けて攻撃を開始。それに対してムスリム系とクロアチア系の勢力が共闘して反撃し、モスタルを死守した。

ところが、セルビア系勢力が撤退したあとに起こった二つ目の戦いでは、その構図がガラリと変わった。

ムスリム系とクロアチア系の勢力が残ったモスタルで、今度はそのうちのクロアチア系勢力が隣国クロアチアの支援を受け、最初の戦いで共闘した同志であるはずのムスリム系勢力に向けて攻撃を開始した。大セルビア主義ならぬ、大クロアチア主義の野望のもとに、ヘルツェゴヴィナ内にクロアチア系勢力の支配圏確立を狙ったのだ。

この劇的な民族対立の変化には、戦場下での複雑な民族感情や、モスタルがクロアチアに近いという地政学的な要因が絡んでいたのだが、昨日の味方から銃を向けられ、逃げ場を失ったムスリム系住民は、戦わなければ死ぬ運命だった。だから、いやがおうでも戦わなければならなかった。ごく普通の住民だった男たちが武器を手に取り、兵士となった。

スタリ・モストが破壊されたのは、この二つ目の戦いにおいてのこと。一九九三年十一月。軍事力で勝るクロアチア系武装勢力は、この四〇〇年の歴史を誇る橋に向けて、容赦なく砲弾を打ち込んだ。橋が崩れ落ちて川底深く沈むまで、砲撃は続けられた。

同じ主要都市でも、モスタルとサラエヴォでの戦況はまったく異なる。サラエヴォでは、セルビア系武装勢力がムスリム系住民を包囲し、主要施設を破壊し尽くしたが、モスタルではセルビア系武装勢力を撤退させた後、クロアチア系武装勢力がムスリム系住民を包囲して破壊行為を行った。モスタルを訪れた人は、モスタル内戦のこうした構図の変化や時系列を考えず、ただ「破壊」や「攻撃」という行為自体にのみ焦点を当ててしまうと、そこで起こった出来事や歴史的スポットを、間違った目で眺めてしまう可能性があるだろう。

この凄絶極まる武力衝突は一九九四年春まで続いたが、二つの戦いを経験したモスタルは、ボスニア・ヘルツェゴヴィナで最も被害が大きかったとも言われている。

分断の街

モスタルについては、ネレトヴァ川をはさんで東側にムスリム系住民が、西側にクロアチア系住民が分かれて暮らす分断の街、というように紹介されることがある。それゆえ、内戦時、この川を境にして二つの民族が戦ったと思われることが多いようだが、実際はそうではない。モスクのミナレットはネレトヴァ川のどちら側にもあるし、ムスリム系地域の東岸からスタリ・モストを渡って西岸に行っても、そのまま道なりに続く路地には、エキゾティックなオールドバザールがさらに続いている。

では、どこを境に両民族は戦い、分断されたのだろうか。

スタリ・モストを渡って西岸の路地をしばらく歩いていくと、やがて伝統工芸の土産店が途絶える。道幅が広がって変哲もないコンクリートの通りに変わり、さらに行くと、すぐに大きな自動車通にぶつかる。その大通りを渡ると、右手前方に教会と尖塔が見えてくる。カトリックの聖ペトロ・聖パウロ教会だ。これが、カトリック教徒で占められるクロアチア系地域に入ったという、目に見える証となる。

大通りという意味の Boulevard から由来する「ブレヴァル」という名がついた、教会手前のこの自動車道こそが、内戦当時、ムスリム系住民地域とクロアチア系地域を分ける境界線で、両者による激戦のフロントラインだった。今はお土産屋さんの前をのんびりブラブラと歩いていく観光客がいるだけの平和な街角に、二つの民族の憎しみが交差する、生死を分けるクロスロードがあった。

内戦中、ブレヴァルを境に抗戦するムスリム系武装勢力にとって、スタリ・モストは、最前線の西岸から後方の東岸に負傷者を運んだり、逆に東岸から新たな戦力や物資を最前線に送ったりするのに欠かせない、軍事的に極めて重要な経由路だった。また、両岸にまたがって暮らすムスリム系住民にとっては、この橋は、同胞とのコミュニケーションや生活物資の供給に欠かせない生活路だった。

クロアチア系武装勢力がスタリ・モストを破壊したのは、このように、橋が敵側の武装勢力と住民のどちらにとっても生命線だったからである。ほかにあった橋々はすでに破壊され、スタリ・モスト以外にはネレトヴァ川両岸を確実に渡る方法は残されていなかった。

それゆえ、生命をつなぐ大切な橋が崩れ去ってしまったことのダメージは、戦略的なものだけではなかった。ムスリム系住民は完全に孤立させられ、水、食糧、医薬品、電気の供給がすべて止まって困窮した。それに加えて、自分たちの歴史的、文化的支柱だったスタリ・モストを失ったという精神的なダメージは、言いようもなく大きかった。ムスリムの人たちは、物理的にも物質的にも心理的にも、逃げ場のない危機的状況へと突き落とされたのである。

終戦後、スタリ・モストの再建と同じ年にオランダ・ハーグの旧ユーゴスラヴィア国際刑事裁判所（ＩＣＴＹ）に起訴されたクロアチア系武装勢力の軍関係者は、人道に対する罪などと合わせてスタリ・モストの破壊についても罪を問われた。橋の破壊から二〇年後に全員に有罪判決が出されたが、そのうちスタリ・モストの破壊に関しては、ＩＣＴＹにおける最後の法廷となった二〇一七年十一月末の上訴審裁判で、それまで出されていた有罪判決が一転、破棄された。スタリ・モストは軍事的な標的であり、その破壊について、罪は成立しないという判断だった。

しかし、人道に対する罪やジュネーヴ条約違反などによって被告たちの有罪は変わらず、そのうちの一人でヘルツェゴヴィナ出身の元指導者、スロボダン・プラリャク被告（当時七二歳）は、判決の言い渡し中に、

「自分は戦争犯罪人ではない！」

と叫んだ後で、隠し持っていた毒を飲んで自殺した。禁錮二〇年の有罪判決に抗議してのことだった。

モスタルの見えない境界線の向こう側では、多くのクロアチア系住民が、この自殺した元クロアチア系武装勢力幹部をヒーローとたたえて追悼のろうそくを灯し、カトリック教会では追悼ミサが開かれた。

☆☆

モスタルにはどこからでも目につく十字架の山がある。山の名はフム山。山頂に立つ大きな十字架は、戦争が終わる時、山は自分たちの戦勝品だと誇示する意を持ってクロアチア系武装勢力が建てたという。私は地元のガイドさんに車で内戦にまつわる場所を回ってもらったのだが、ボシュニャク人の四〇代くらいのその男性は、「戦争について、自分は中立の立場だ」と注意深く繰り返すものの、決してその山に近づこうとはしなかった。

山の頂きに巨大な十字架がそびえる「十字架山」

スパニッシュスクエア

旧市街から北方向の市の中心部からもその十字架山が見えるが、そこでひときわ目を引くのは、巨大ながらんどうのビルだ。残っているコンクリートの古い外壁は一面落書きだらけ。内戦の亡霊のようにたたずんでいるそのビルは、「スナイパータワー」と呼ばれている。

一帯は開けた広場のようになっているので、スナイパーにとっては絶好の立地だっただろう。そこに悪魔の仕業か、スナイパータワーという名がぴったりの、頑丈で鋭角的に設計された絶好の大きなビルがあったのだ。

内戦前、このビルはモスタル最大の銀行ビルで、周辺には地元が誇る名門校や市庁舎という代表的な建物が並んでいたが、そこは武力衝突の境界線であるブレヴァルの終点ともなっていて、クロアチア系地域側にあるスナイパータワーからムスリム系住民が狙い撃ちにされた。

スナイパータワー

このモスタルにおけるＵＮＰＲＯＦＯＲの中核となったのは、スペインから派遣された部隊だった。約八〇〇〇人ものスペイン人兵士がＵＮＰＲＯＦＯＲに参加し、モスタルをはじめ、ボスニア・ヘルツェゴヴィナ各地で、人道支援物資の運搬や警護、パトロール業務に携わった。激しい戦闘行為が続くモスタルで、隊員は常に生命の危険にさらされる厳しい任務に就いていた。

一九九三年五月十三日。スペイン軍大隊の基地があった近郊のメジュゴリエからモスタルの二つの病院に、プラズマ（血漿《けっしょう》）と医薬品を届ける任務に就いたスペイン人兵士の一部隊は、最初にクロアチア系地域の病院に運搬を無事に済ませた後、次にムスリム系地域の病院へと向かった。

そのうちの一人の兵士が、目的の病院付近で地面に倒れているけが人を見つけた。バリケードなどの障害物があって装甲兵員輸送車が入っていけない場所だったため、兵士は砲弾が飛び交う中、勇敢にも装甲車を降りて救出に向かった。だが、けが人の所までたどり着いた時、迫撃砲が兵士を襲い、兵士は重傷を負った。ムスリム系の医者たちが懸命に救急手当を施し、兵士は二日後に軍機でマドリッドの病院に搬送されたが、そこで息を引き取った。

二八歳の兵士は、ボスニア・ヘルツェゴヴィナで活動する国連保護軍スペイン人部隊で最初の殉職者となった。既婚だったが子どもはなく、遺族の申し出によって、亡くなった兵士の臓器提供が行われた。

その後も、スペイン人部隊は任務を続行した。クロアチア系武装勢力に包囲されているムスリム系住民に人道支援物資を届けようとしたスペイン人部隊が、クロアチア系武装勢力による妨害を受けながらもやっとのことで物資を届けて引き返そうとすると、今度は国連軍がいなくなったらクロアチア系武装勢力が襲ってくると恐れたムスリム系住民に帰路をブロックされて、丸々二日間、立ち往生するという緊張した事態も発生した。

スタリ・モストがクロアチア系武装勢力のすさまじい砲撃の連打によって破壊されたのは、その約二か月後のことだ。

エスカレートするばかりの民族抗争の中、スペイン人部隊は危険な任務を遂行し続け、十五名の殉職者を出した。

スナイパー・タワーから道の向かい側には、これらのスペイン人軍兵士の尊い犠牲をたたえるために、記念碑が設置されている。ス

スパニッシュ スクエアに建つ殉職者追悼記念碑

ペイン国旗も掲げられ、広場一帯が「スパニッシュスクエア」と命名された。記念碑の黒い石面には、内戦中に亡くなった十五名、その下にはその後に同国に展開した多国籍軍の活動中に亡くなった八名の名前と所属、命日が刻まれている。二三名の下にはさらに名前が書き込まれるスペースが残っている。その記念碑にこれ以上、殉職者の名が刻まれることのないよう、今なおこの国で活動する多国籍軍の安全を祈らずにはいられない。

二〇一七年八月にスペインのバルセロナで十三人の死者を出す無差別テロが起こると、スタリ・モストがスペインの国旗の色にライトアップされた。スペインとの連帯を謳い、テロの犠牲者を悼むとともに、モスタルの平和のために殉職したスペイン人ピースキーパーを今一度追悼するために、多くの人たちが集まったという。

スパニッシュスクエアの隣には、人目を引く華やかなオレンジ色の建物がある。「ギムナジヤ・モスタル」と呼ばれ、旧ユーゴ連邦国時代には最もプレステージの高い教育機関だった。ハプスブルク帝

スパニッシュスクエアにあるオレンジ色の学校校舎

国時代に建設され、ムーリッシュ・リバイバル様式という独特の外観を持つ校舎は内戦で一部損壊したが、現在はきれいに修復されている。内戦後、クロアチア系が占める市議会によってクロアチア教育の公立高校へと一方的に変更されたが、その後、ムスリム系の生徒も再びここで学べるようになった。とはいっても、両民族の生徒は別々の階で、それぞれの言語とそれぞれのカリキュラムで学んでいる。

最上階にはインターナショナルスクールがある。ロンドンに本部を置くNPOと国際バカロレアが共同で二〇〇六年に開設した、ユナイテッド・ワールド・カレッジ・モスタル校だ。二〇一七年にマレーシアで暗殺された北朝鮮の金正男氏の息子キム・ハンソル氏が、二〇一一年に留学して話題になった。ボスニア・ヘルツェゴヴィナと北朝鮮との間には、旧ユーゴのティトーの時までさかのぼる古い友好関係があり、いろいろな国からヴィザの発給を断られて留学先に困っていたハンソル氏を、ここが受け入れたのだ。内戦後の民族の和解と多民族共存を理想に掲げて設立されたインターナショナルスクールで、さすらいのプリンスは何を学んだのだろうか。

このように、現在のこのエリアには、モスタルの熾烈な民族抗争の傷跡と、再建後の平和のシンボルが入り交じり、観光客の目には実に奇妙な組み合わせに映る。それはすべて内戦のレガシーだ。

☆☆☆

モスタルをクロアチア系の土地に「浄化する」ための、ムスリム系住民の掃討とスタリ・モストの破壊。加えて、UNPROFORや赤十字のスタッフ、外国人ジャーナリストが次々と巻き添えになり、クロアチア系武装勢力への高まる国際批判の中で、一九九四年三月、アメリカによる仲介で協議が行われた。

その結果、モスタルのムスリム系住民にとって、衝撃的な決定がされた。ムスリム系勢力とクロアチア系勢力とが同盟を組んで、両民族でボスニア・ヘルツェゴヴィナに新たな連邦を造ることが、両民族のトップによって合意されたのだ。国全体の戦いを見れば、ムスリム系民族の敵はセルビア系勢力で、クロアチア系勢力ではなかったからだ。両民族が連携して、セルビア系勢力に対抗する必要があったのだ。

でも、モスタルでは状況はまったく違う。

自分たちの家族を殺し、家を焼き払い、自分たちを強制収容して残虐な拷問を行ったクロアチア系勢力と、手と手をつないでやり直すことを、モスタルのムスリム系住民は突然、一方的に強いられたのだ。この人たちにとって、それは和平でもなんでもなく、悪夢の続きに過ぎなかった。

内戦が終結して殺戮が止まっても、モスタルのムスリム系住民に平和は訪れなかった。避難民となったムスリム系住民が戦後五年近く経ってから、ようやくモスタルの村の自分の家に戻ったら、その夜、手榴弾を投げ入れられて殺された。ムスリム系住民が、戦後も生命の危険にさらされる生活を余儀なくされた一例である。

こうしたあらゆることによって受けた身体的、心的外傷を抱えて生きることのむずかしさは、平和ボケと言われる国で生まれ育った私のような人間には、到底、想像できない。

案内をしてくれたガイドさんは、当時高校生くらいの年齢だったと思われるが、内戦中の体験について多くを語ろうとしない。ただ、最後に、「自分には腎臓がひとつしかない」とだけ、苦しそうな口調で教えてくれた。彼はここでもくわしい事情は省くのだが、なにかとても痛ましいことがあったのだろう。そう察せられ、私のほうも返す言葉がなかった。

私は思う。もし、モスタルの「民族浄化」が遂げられて、モスタルがムスリム系住民のいない町になってしまったら、モスタルはどんなことになったのだろうか。現在と同じように復興して、ボスニア・ヘルツェゴヴィナ第二の観光地になったのだろうか。

異国情緒あふれるオールドバザールもない。風情ある石畳もない。美しいモスクもミナレットもない。世界遺産となったスタリ・モストもない。民族多様性のかけらもない ―― そんなモスタルは、人々を魅了してきた古都モスタルではない。モスタルを輝かせ続けてきた民族多様性が消えたなら、モスタルは死の町となっただろう。

民主主義の空白

内戦後のボスニア・ヘルツェゴヴィナの中で、最も深い民族対立と憎悪が今なお残るといわれるモスタル。

モスタルの和解が進まない最大の障害物となっているのは政治の問題で、概念的にではなく、事実として示すことができる。モスタル市では二〇〇八年を最後に現時点まで、市議会選挙が実施されていない。言い換えると、モスタル市民は選挙権を行使できておらず、モスタルには文字通り、民主主義が存在していないのだ。

経緯を簡略にまとめると、二〇一〇年にボスニア・ヘルツェゴヴィナ憲法裁判所がモスタルの選挙法の一部に憲法違反を認め、選挙法の修正をボスニア・ヘルツェゴヴィナ議会に求めたが、修正は行われなかった。そのため、二〇一二年に憲法裁判所は該当規定を無効とし、その結果、以降、選挙が実施できなくなってしまった。二〇一二年末に市議会議員の任期が切れてから、市議会は消滅状態に陥っている。その成り行きで、二〇〇四年に選ばれたクロアチア系政党の市長が、現時点でも市長を務めている。市の予算も財政計画も市議会で議論されないまま、市長が臨時的に行っている。

この長い民主主義の空白には、ＥＵ（欧州連合）やアメリカ政府が懸念を表明しているが、モスタルの民族の対立と分断が解決に向かう気配はない。

内戦前のモスタルはムスリム系住民が多数派だったが、「民族浄化」の影響で、戦後はクロアチア系住民が多数を占めるようになった。しかし、年とともにその人口バランスは拮抗してきており、双方の政党が権力抗争を繰り広げて、歩み寄る気配はない。

こうした政治のパワーゲームは、モスタル住民の日常生活をむしばみ続けている。二民族の子どもたちは別々の学校に通い、大人は職場を共にしない。内戦以前はお互いの地域を訪れ合った異民族の友人同士が、内戦後に、あの境界線ブレヴァルを超えて交流することはない。

それぞれの地域が電気、水道、消防のサービスを別々に行い、郵便、電話システムも分かれている。病院も別々だ。ナショナル・シアターも二つある。例外は、戦後復興で日本が統合を条件に支援したバス公社と、国連主導の七年間の交渉の末、二〇〇二年に統合された警察組織だ。

そうした状況がある中で、モスタルを訪れる多くの外国人観光客は、スタリ・モストの芸術的な景色に心を奪われて、両民族の根深い分断がモスタルの町と人々の心をむしばみ続けていることには気づきにくい。

例えば、スタリ・モストの西岸側の隅っこにちょこんと置かれている「DON'T FORGET '93」と刻まれた石碑だ。その英語のフレーズには、一九九三年に橋が爆破された、その出来事を忘れない、という悲しみが表れている。

スタリ・モストを訪れた観光客がこの石の写真をよくウェブに乗せているが、私が実際に見たものは、その画像のものとは石碑の文字の色やデザインが若干違う、新しいものだった。あとから聞いたところによると、詳細は不明なのだが、二〇一六年春頃、誰かがこの石碑をネレトヴァ川に投げ捨てたのだという。小さいといっても石碑だから、よほどの怪力でない限り、大人の男性でも一人では持ち上げるのはむずかしいと思うが、その石碑がどういう理由で投げ捨てられたのかは、モスタルの民族対立を考えれば、想像に難くない。

スタリ・モストの再建プロジェクトの案内板も同様に壊されたという。国際協力でスタリ・モストが蘇っても、その平

小さな石碑「DON'T FORGET '93」

和と和解の象徴という美しい印象の影には、それを喜ばない人たちが存在することが暗示されている。悲しいかな、人々の心の中にまで、平和の橋はかけられていないのだ。ヘルツェゴヴィナでひときわにぎわう観光地モスタルは、観光客には見えにくいオープンシークレットにあふれている。

第三章
再び、サラエヴォ
――内戦を振り返る場所――

早朝、借りているアパートメントのカーテンを巻き上げると、今朝も晴れ上がった水色の空が広がり、まぶしいオレンジ色の朝陽が差し込んできた。窓際で黄色く紅葉した木の葉の合間から、遠くに朝もやのかかった小高い山々をうっすらと背景にして、モノトーンのミナレットがすっと顔をのぞかせている。美しい異国の朝の光景には、至福感すら漂っていた。

おもしろいことに、見えているのはイスラム教のモスクなのに、朝一番に聞こえてくるのは教会の鐘の音だ。ここの人たちにとっては、内戦前も後も変わらない日常なのだろう。風景としてのサラエヴォは、こんな当たり前の日常を取り戻している。

オールドタウン

セビリと呼ばれる広場はサラエヴォのオールドタウンを貫くメインの歩道の一端にあり、待ち合わせの人たちなどでいつも混み合っている。広場の中央にはオットーマン式の古い水汲み場のレプリカがあり、現地語でセビリ（Sebili）と言うことから、広場にもその名がついた。そのセビリの広場を横切って歩道を進んでいくと、モスタルの旧市街を彷彿とさせる街並みが広がっている。

バシチャルシァと呼ばれるサラエヴォのオールドタウンは、オスマン帝国支配時代から商業の中心として発展してきた地区だ。赤茶色をした低いレンガ屋根のお土産屋さんが立ち並ぶバシチャルシァの、異国情緒あふれる街並みを初めて目にする観光客は、きっと魅了されるだろう。同じ旧市街でも、モスタルのほうはネレトヴァ川に沿った自然と調和した風景なのに対し、こちらは首都だけあって、国の中心にある歴史的文化的地区としての重みを感じさせる。

歩を進めていくうちにだんだんと道幅も広くなって、ヨーロッパ風の数階建ての建物に変わっていく。注意して歩いていれば、サラエヴォの東西文化が出会う地点だという目印の線が歩道に引かれているのに気づくだろう。

セビリ（Sebili）広場

道の両側には雑多な商店に混ざって由緒あるモスクや時計塔があったと思えば、ユダヤ教のシナゴーク、カトリック教会、セルビア正教会が点在している。モスタルとは違い、これらの宗教施設はこぢんまりとした旧市街内部に包括されるようにして、近接して存在している。それがサラエヴォの旧市街の大きな特徴だ。

この国の、かつての民族的、宗教的寛容を象徴する風景。その独特な風景の中を歩いていると、サラエヴォの多様性に飲み込まれるような、なにか圧倒的な感覚に襲われる。サラエヴォ包囲中、この旧市街もセルビア系武装勢力の砲弾が打ち込まれて被害を受け、現在の多くの建物が再建されたものだという。だからだろう。旧市街といっても、建物自体は比較的新しく見えるものが多い。

数ある宗教施設の中で私が足を止めたのは、カトリックのカテドラル教会の前だった。他の宗教施設は塀で囲われて閉鎖的な感じがするのに対し、イエスの聖心教会と呼ばれるこのカテドラルの前は広場のようなオープンスペースになっていて、人々は階段に座って休んだり、話をしたり、自由な時を過ごしている。そして、教会の扉の前には教皇ヨハネ・パウロ二世の像が存在感を放って立っている。

カトリック カテドラル

ヨハネ・パウロ二世は、内戦中からボスニア・ヘルツェゴヴィナを訪れることを希望していたが、安全上の理由からかなわず、内戦終結から二年後の一九九七年四月にようやくサラエヴォ訪問が実現した。

しかし、教皇の安全は訪問時にも懸念があった。訪問当日のサラエヴォ国際空港では、主要三民族のうち、カトリックのクロアチア系代表はもちろんだが、ムスリム系代表も教皇を出迎えたのに対し、セルビア系代表は欠席。教皇は空港からスナイパー通りを通ってカテドラルへと向かったが、教皇の専用車が走るルートで、前夜になって戦車用地雷が二〇個以上、発見された。地雷が教皇の専用車を狙ったものであるかどうかは不明だという。

モスク、ミナレット、教会の尖塔が並ぶ

翌日、四月だというのに雪が舞う寒さの中、七六歳の教皇は、冬季オリンピックの開会式会場となったスタジアムでミサをあげ、集まった三万人を超える人々に、許しと和解を訴えられた。さらに二〇〇三年には、教皇はボスニアのセルビア系最大都市バニャ・ルカを訪問され、ここでも許しと和解を説いた。

教会前の教皇像は、ヨハネ・パウロ二世のこうしたボスニア・ヘルツェゴヴィナの平和への尽力をたたえるために建立され、二〇一四年に完成したものだ。

☆

この国の人々は、「ボスニア・ヘルツェゴヴィナには三人の大統領がいる」とよく言う。

正確にはそれは大統領評議会メンバーのことで、主要三民族、つまり、ボシュニャク、クロアチア、セルビアの三民族の代表を指す。デイトン合意で決められたこの国の政治体制では、民族的バランスが第一に考慮されており、それぞれの代表一名ずつ三名で大統領評議会を構成し、八か月ごとに交代で同評議会議長を務めると決められた。その大統領評議会議長が国家元首となるのだ。中央政府にあたる閣僚評議会も主要三民族から構成され、二院制の議会がある。

しかし、この国の政治体制はさらに複雑だ。というのも、内戦後のこの国は、一つの国でありながら、ムスリム系とクロアチア系主体の「ボスニア・ヘルツェゴヴィナ連邦」とセルビア系主体の「スルプスカ共和国」に分かれて成立しているのだ。アメリカを調整役とした終戦協定がまとめられる際、困難な交渉の結果、国は分割しないが、国の中をこれらの二つの独立統治圏に分け、ボスニア・ヘルツェゴヴィナ連邦が国土の五一パーセント、スルプスカ共和国が四九パーセントを治めるという合意が成された。主要三民族による妥協の賜物のようなものだ。

これら二つの構成体はエンティティ（Entity）と呼ばれる独立した統治組織であり、ボスニア・

ヘルツェゴヴィナ連邦とスルプスカ共和国のそれぞれに政府があり、独自の大統領、首相、閣僚がいる。

つまり、この国は国名が示すように「ボスニアとヘルツェゴヴィナ」という二つの地域から成り、それとは別に二つの独立統治圏に分かれており、自分が住む統治圏に政府があって大統領がいるが、国の中に二つあるエンティティの政府組織の上に、八か月ごとに変わる国家元首や中央政府の首相や閣僚がいる、ということになる。

こうしたボスニア・ヘルツェゴヴィナの現在の政治体制では、超民族的なコンセンサスによって長期的国家プランを立てて実行することは極めてむずかしい。内戦から約四半世紀、こんな入り組んだ体制でよく国が続いてきたなという感すらあるが、国民にとっては、自分たちの国ではなにも決まらないのが同然という状況が長年にわたって続いており、人々は、「三人の大統領がいるから……」と、半ばあきらめたように嘆くのだ。

希望のトンネル

内戦以前の一九九一年の人口統計では、サラエヴォの人口は約三六万人。そのうち、ムスリム系が約五〇パーセント、セルビア系が約二六パーセント、クロアチア系が約七パーセント、どの民族かあえて選ばない「ユーゴスラヴィア人」が約十三パーセント、その他約四パーセントという人口構成だった。

内戦が始まると、セルビア系住民なら街を出ることも、セルビア系武装勢力が支配したグルバヴィッツァのような地区に住むこともできたが、セルビア系以外のサラエヴォ市民は、あっという間に丘陵地帯を支配したセルビア系武装勢力に包囲された街に取り残され、外部との接触の道を絶たれた上に、物資の供給が途絶えて困窮した生活を余儀なくされた。

希望のトンネル内部

そうした苦境の中、なんとか外部とのアクセスを確保しようと、政府軍兵士と有志がトンネルを掘った。完全包囲されてそのうち息絶えると思われたサラエヴォ市民たちが、その後三年以上も生き延びることを可能にした要因の一つが、このトンネルの存在だった。

今でもその一部が保存され、War Tunnel（戦争のトンネル）と呼ばれている。一般公開されており、多くの旅行者が訪れる場所となっているのだが、トンネルは街中ではなく、郊外の普通の民家に入り口がある。そのため、私は車を手配してトンネルに向かった。

旧市街からスナイパー通りを抜けて約三〇分。車が止まった民家の脇に、青地に黄色い三角と白い星が散りばめられた大きな国旗と、一九九二年の独立時に決められた黄色いユリ模様の旧国旗が並んで立っている。一帯はなんの変哲もない野原が広がっているだけなので、これは目印代わりの役目も果たしているのだろう。

民家の外壁には、あえて修復せずに残してあるいくつもの大きな砲弾の跡が目につく。

トンネルの入り口はサラエヴォ国際空港のすぐ近くにあった。つまり、車は空港に向かっていたようなもので、実際、敷地内の外で掲示物を見ている私の横で、飛行機がビュンと音を立て、ランウェイを滑走して飛んでいった。


サラエヴォ空港の管理はボスニア・ヘルツェゴヴィナにおける国連保護軍ＵＮＰＲＯＦＯＲの最初の主要任務で、国連安全保障理事会によって採択された決議七五八に基づいている。セルビア系武装勢力によって閉鎖されていた空港を再開させ、国際人道支援物資を輸送する航空機の離発着を可能にするため、カナダ人部隊が臨時的に派遣され、その後、任務はフランス、ウクライナ、エジプトによる大部隊へと受け継がれた。

しかし、国連のピースキーパーが配置された後も、空港周辺では、サラエヴォを取り囲む丘陵に陣取っていたセルビア系武装勢力による攻撃が散発的に行われ、地上から危険が去ったわけではなかった。

特に夜間は危険で、空港の滑走路を走り抜けて反対側のセルビア系武装勢力の攻撃が及ばない地域へ脱出しようとする人々が、毎日のようにセルビア系スナイパーの標的となって死傷していた。トンネルが完成する二〇日前には、英国のジャーナリストが夜間に滑走路で銃弾に倒れ、翌日、パトロール中の国連軍兵士によって遺体が発見されるということもあった。

そうした状況下、サラエヴォに封じ込められたムスリム系勢力は、スナイパーの銃弾から身を守りながらサラエヴォを脱出する方法を練り上げた。空港の敷地の地下深くにトンネルを掘るのだ。国連軍が管理している空港の下に地下道を作るなら、掘るのも通るのも安全が確保できるだろう、と考えたのだ。そして、国連軍とボスニア政府軍との話し合いでは、このトンネルは「存在しないトンネル」として扱われた。

トンネルはこの民家の地下室を一方の入り口とし、セルビア系武装勢力の包囲の外の地域につながる空港の反対側の住居ビルの駐車場内にもう一方の入り口を設置して、全長八〇〇メートルの双方向から、ショヴェルとつるはしと手押し車を使った人力作業の突貫工事で掘り続けられた。工事はサラエヴォ包囲から約一年後の一九九三年三月から開始され、双方の作業者が地下で顔を合わせるまで約四か月かかったという。民家があるドブリニャと、もう一方の入口があるブトミルの町名の頭文字を取って、Ｄ・Ｂトンネルと呼ばれることもある。

今は博物館になっている民家の地下室には、そうした作業に使われた道具が展示されている他、負傷した人を手押しの運搬台に乗せて運ぶ兵士や、台車に積まれた武器などの複製がディスプレイされている。トンネルを使って運ばれたのは食糧や生活物資、医療品だけではなく、人や武器も運ばれたのだ。さらに、このトンネルに電話線や電気ケーブル、石油を通すパイプラインまで引いたおかげで、限られてはいたが、重要施設でそうしたインフラを使うことができた。

入場料を払ったところでもらったリーフレットによると、サラエヴォ包囲の間、一一二万人の人がこのトンネルを通り、一三五四万七〇〇〇キロの食糧が人に背負って運ばれた。さらに、五五三万四八三七キロの食糧、八八〇万キロの物品、四五一万六〇〇〇キロの武器、四五〇万リットルの燃料、八〇〇〇万キロワットの電力が、このトンネルを利用して輸送されたという。

これからもわかるように、トンネルには、サラエヴォ市民の生活面や政府軍の武器調達といった軍事面における重要性があったわけだが、それだけではない。

サラエヴォ在留の欧米諸国の大使もこのトンネルを通ったし、平和会談に向かうために、イゼトベゴヴィッチ初代大統領がこのトンネルを使ってサラエヴォを抜け出したというから、政治的にも重要な役割を果たしたのだ。もっとも、大統領は自分で歩くことはなく、専用台車に載せた椅子に座って移動したそうだ。博物館には大統領が実際に移動する際に座った椅子も展示されている。

私は、地下室からつながっているトンネルの一部を歩いてみたが、高さ一・五メートル、幅一メートルのトンネルの内部は、小柄な自分にとってはさほど歩きにくいものではないが、特に長身の人などは、重い荷物を背負って八〇〇メートルを通り抜けるのはかなり困難な作業だっただろう。実際、頭をぶつけて大怪我をする人も多かったという。床部分には台車のためのレールが敷かれているので、レールにつまずかないようにする注意も必要だった。

それに今は入場者のために内部のところどころに照明があるので前方も足元もよく見えるが、当時は通行人自身が持ち運ぶランタンだけが頼りだったというから、孤独な闇との格闘でもあった。

秘密裏に作られたトンネルだったが、人の口から口へと伝わってその存在が公然の秘密となると、セルビア系武装勢力を率いていたラトコ・ムラディッチは、空港を管理するUNPROFORの国連軍にトンネルを閉鎖するよう求めたが、国連軍は知らぬ存ぜぬで通した。

するとムラディッチの指揮で、セルビア系武装勢力はトンネルの入り口と思われる場所に狙いをつけて攻撃し始める。トンネルに入るのを待つ人々の列を砲弾が襲い、十数人が死傷した。

そしてトンネルの建設から約二〇年後、ムラディッチの戦争犯罪を追及する国際法廷で、この秘密のトンネルが言及されることになる。

ムラディッチの弁護人は、証言者として出廷した数人のＵＮＰＲＯＦＯＲ元関係者に、トンネルを使って政府軍が調達した武器は違法なものだと、ＵＮＰＲＯＦＯＲが認識していたかどうかを尋ねた。国連が一九九一年に、すべてのユーゴスラヴィア連邦国に武器禁輸措置を課していたことや、国連とボスニア・ヘルツェゴヴィナ紛争当事者との間で交わされた武器規制に関する合意が質問の背景にあった。

証言者は一様にトンネルの存在のうわさがあったことは認めたものの、ある証言者は、「実際にトンネルがあったか詳細は知らない」とし、別の証言者は、「うわさのトンネルに関してはＵＮＰＲＯＦＯＲの任務外」とした。ある匿名の証言者は「トンネルを使って政府軍が武器を運び込んでいるといううわさは聞いたことはあるが、トンネルに関する国連決議はなかった」と語った。

博物館の敷地には「サラエヴォローズ」と呼ばれている赤いバラのような模様がいくつか地面に描かれている。サラエヴォローズとは、サラエヴォのコンクリート地面のいたるところに残された被弾の跡を、そこで死傷した人々に思いを寄せて赤い樹脂でバラの花を描くように舗装したものだ。ここにあるサラエヴォローズは、セルビア系武装勢力の砲弾による犠牲者を悼んでいる。話には聞いていたが、実際にコンクリートに散った赤いアートのような花模様を目にすると、そこで倒れた人たちの姿がリアルに想像されて痛々しい。

「サラエヴォでは一万一五四一人が殺され、そのうちの一六〇一人は子どもだった」

説明パネルにはそう記されている。

一九九五年十一月、オハイオ州デイトンの空軍基地で、当時のクリントン政権の仲介によって、紛争当事三か国の大統領、すなわち、ボスニア・ヘルツェゴヴィナのイゼトベゴヴィッチ大統領、クロアチアのトゥジマン大統領、セルビアのミロシェヴィッチ大統領が協議を重ねた結果、和平合意が達成されて、ボスニア・ヘルツェゴヴィナ戦争はようやく終結に至った。

サラエヴォの人々の命をつないだこのトンネルは、和平後にサラエヴォが解放されてその役割を終えると、そのまま放置された。政府も軍もその存在を否定するかのように、イゼトベゴヴィッチ大統領にも利用されたこの歴史的な救済のトンネルの保存に興味を示さなかった。手入れがされないトンネル内部は崩れていき、サラエヴォ包囲の歴史も記憶も、この貴重な遺物とともに消え去る運命が待っていた。

そんな時、保存に乗り出したのが、トンネルの入り口を提供したこの民家に住む家族、コラル一家だった。

コラル家にとって、このトンネルは内戦中の自分たちの歴史そのものだったし、過酷な掘削作業をする人たちに貴重な飲み水を提供して世話をし続けた家族は、サラエヴォの不屈の精神の象徴のようなトンネルの歴史的価値を誰よりも理解していた。一家はトンネルの入り口と一部を残すとともに、すべて自費で家の内部を改造して、様々な資料を集めて展示し、多くの人たちにサラエヴォ包囲について学んでもらえるように博物館を作った。それが「トンネル博物館」の始まりだ。

しかし、その後、国に対してトンネルの保護を求める声が高まっていっても、政府は何の行動も取らなかった。主要三民族の代表が八か月交代で国のトップを務める他、同じく三民族から成る議会体制では、保存を決定しようとする動きにセルビア系政治家が常に反対し、何も決めることができなかったのだ。

二〇一〇年になってようやく、サラエヴォ県がトンネル博物館全体を正式な保護遺産の対象とする決定をした。長らくファミリーの努力で守られてきたこのトンネルは、二〇一三年にサラエヴァ県に正式に移譲された。

新たにつけられたトンネルの名前はTunnel of Hope――希望のトンネル。民族紛争の悲惨さではなく、生きる希望を持ち続けたサラエヴァの人たちの不屈の精神を象徴する史跡にしたい。そんな思いが新しい名に込められているように感じられる。

トンネルについては、同地区を率いた政府軍の司令官がトンネルの使用をコントロールしていて、民間人が通るためには高額の通行料を支払わなければならなかったとか、サラエヴァに運び込まれた物資はブラックマーケットに流されて関係者を益するために使われたとか、ネガティブな一面も語られているが、そうしたことも含めて、包囲下のサラエヴァの困難な日々を広く次世代に伝えていく役割を、「希望のトンネル」は担っている。

実はこのトンネル以外にもう一つ、秘密のトンネルが掘られていた。最初のトンネルが役立ったことで、より大規模でトラックが通れるサイズのものの建設が開始されたが、その二つ目のトンネルが完成した数日後、終戦和平のデイトン合意が達成されたため、使われることなく終わった。この幻のトンネルは今も残っているという話もある。

☆☆

国の中のセルビア人共和国

サラエヴォ包囲の歴史を物語る貴重なトンネルを後にして、ドライバーのボシュニャクの青年が車を再び走らせてからまもなく、突然、道端にトリコロールの旗が見えた。と思ったら、警察官らしき黒っぽい制服姿の男性が道に出てきて、私たちの車を止めた。

トリコロールの旗はセルビア国旗と同じ配色のスルプスカ共和国の旗。ここからセルビア系主体のスルプスカ共和国の領土に入るということだ。

スルプスカ共和国の「スルプスカ」とは、セルビア語で「セルビアの」「セルビア人の」という意味だ。しかし、その意味から「セルビア人共和国」とすると、セルビア本国の正式名「セルビア共和国」と似てしまうので、混同を避けるために、日本語ではそのまま「スルプスカ共和国」とされることが多い。

警官と思われる男性は、ドライバーの青年の運転免許証を簡単にチェックしただけで検問を済ませた。明らかに外国人とわかる私が乗っている上、車がワゴン車だったから、連邦側から来たツアーかなにかかと思ったのだろう。私は、これはなにかの嫌がらせかと、一緒に同行しているガイドの女性に聞いてみたが、ただのチェックで普通のことだから大丈夫ですよ、ということだった。

車は、セルビア系武装勢力が陣取っていたトレベヴィチ山を登っていく。見晴らしがよく、眼下には遠くにサラエヴォの街が広がっているのがよく見える。セルビア系兵士たちの駐屯所として使われたという荒れ放題の二階建ての廃虚に寄ってから、冬季オリンピックのボブスレーとリュージュの競技場跡へと向かった。


一九八四年のサラエヴォ冬季オリンピックは、長野と開催地を争ってサラエヴォが逆転で勝ち、冷戦で東西ブロックに分かれていたヨーロッパの東ブロックで初めて、そして社会主義国で初めて開催された冬季オリンピックだった。参加国は四九か国で、冬季オリンピックとしては初めて四〇か国を超えたという、初めてづくしのオリンピックとなった。

私の遠い日の記憶には、日本選手の活躍は残念ながら残っていない。よく覚えているのは、フィギュアスケートで東ドイツのカタリナ・ヴィット選手が金メダルを取ったことだ。私はまだ若い学生だったが、彼女の優雅な氷上の舞いがとても美しかったことを思い出す。

車を降りて歩いていくと、古いコンクリートの競技トラックが山の中を伸びていて、その直線コースのトラックの上をてくてくと歩いてみた。トラックは古びているが損傷はなく、歩くのには問題はない状態だ。トラックがカーブを描くコースの高い壁いっぱいに、カラフルな落書きがされていた。アルファベットの大きなグラフィティは、アメリカの荒廃した町によくあるビルの落書きを思い出させるが、ここも古びてはいるがやはり損傷はなく、原形を保ったままだ。銃砲の跡は見受けられない。

理由は明快だ。ボブスレーの競技トラックはセルビア系武装勢力の軍事拠点として使われ、ここから大砲の弾がサラエヴォの市街地に向けて撃ち落とされた。だが、迎え撃つ政府軍には大砲のような重火器が不足していたので、反撃はこんな山の中腹までは届かなかった。だから競技トラックは無傷のまま残ることができたのだ。

その後に寄ったユダヤ人墓地は、南欧から追われてバルカン地域に移動し、オスマン帝国時代にサラエヴォに住み着いたユダヤ人たちが作った古い墓地だ。ハプスブルク帝国統治になって新たに移住してきたユダヤ人たちもここに眠っている。内戦が始まるとユダヤ系住民の多くは国外に逃げ、この歴史的な墓地はセルビア系武装勢力のフロントラインの拠点となった。山の下腹に位

1984 年冬季オリンピックのボブスレー競技トラック跡

置し、市街地から政府軍が放つ銃弾も届いたため、ヘブライ語が刻まれた墓石には、激しい交戦の傷跡が深く残されている。

そして、見えないレガシーが、ボブスレーのトラック周辺にもユダヤ人墓地にも残った。無数の地雷だ。内戦後の後始末として現在も各地で地雷撤去が行われているが、地雷撤去が完了したから、私のような一般人がこの旧セルビア系武装地帯周辺を歩いて見て回ることができるようになったのだ。

ボスニア・ヘルツェゴヴィナ政府の統計によると、一九九二年から一九九五年の地雷の犠牲者は六三五四名。内戦終結の翌年から現在まで、六〇〇名以上が地雷を踏んで命を落とし、負傷者は約一一〇〇人以上に上っている。一九九七年八月には、地雷撤去支援活動に取り組んでいた英国の故ダイアナ妃が支援活動の一環でサラエヴォを訪れた。パリで、交通事故で亡くなる二〇日前のことだった。ダイアナ妃の思いが届いたのだろうか。作業は年々進み、紛争後、全土から約十二万の地雷が撤去された。

現在のボスニア・ヘルツェゴヴィナでは、一般の生活圏や観光地はほぼ問題がないというが、人々が足を踏み入れないような奥地では、いまだに八万個の地雷が未処理のまま埋まっているというデータもある。

　こうしてトレベヴィチ山の旧セルビア系武装勢力支配地域を車で回る途中、突然、山小屋風の大きな建物が見えてきた。恐ろしい過去のある土地にはどこか不似合いな、明るくモダンな場所の存在に多少驚かされたが、カフェレストランだというので、私たちはここで休憩することにした。眺めがよい山の上のレストランといったところだが、外のオープンカフェの下は遊園地で長いコースターライドもある。アメリカ風の無邪気なアトラクション施設がこんなところに作られているのには、なにか奇妙な感じを受けた。

　コーヒーを飲みながら聞いた話では、同行したガイドのAさんもボシュニャク人で、当時二三歳。サラエヴォで民族対立が激化していく中、戦争の危険を避けるためにフランスに住む親戚の元に避難したそうだ。幸いなことに、サラエヴォに残った家族は全員無事だったが、彼女が避難した先の親戚はセルビア系だったので、「国から戦争を持ち込んだような生活だった」という。「戦争が終わって帰ってきたら、今度は、私はムスリム人らしくない存在として見られることになりました。内戦を経験していないから、本当のムスリム人じゃないと」

　サラエヴォに帰還した元国外避難民をこんなスティグマが襲うとは、サラエヴォ包囲下で生きた人々の心がどれだけ病んでいたのか、と考えさせられる。かといって、内戦で疲弊したこの国には、人々の心のケアまでするような余裕がなかったように思える。

　それでもAさんは、他の人たちと同様に一から生活をやり直さなければならなかった。まずは働き口を見つけることだったが、内戦後のサラエヴォでは、戦闘で破壊され尽くしたこの国の再建のために、国際機関や欧米の人道支援団体が次々に活動を始めていたので、英語が達者な彼女はそうした支援団体で職を得た。その後、復興が進んで支援団体の活動が縮小していくが、その一方で、復興するサラエヴォを訪れる外国人観光客が増えてきたので、需要が高まるガイドの仕事に就くことになったそうだ。

ドライバーの青年は実直な感じの好青年で、戦後生まれの二一歳だという。戦後のボスニア・ヘルツェゴヴィナでは、民族によって内戦の実態の解釈がまったく異なるため、学校では内戦について教えていない。青年も、歴史の授業で教わったのは、第一次世界大戦と第二次世界対戦、それだけだという。民族対立を教育の場に持ち込まないための苦肉の策とも言えないことはないが、あの悲惨な民族抗争がなかったことになっているような事態は、実に不自然きわまりない。戦後に生まれ育った青年は、ドライバーをしてサラエヴォに残る戦争の傷跡を回りながら、学校では教わらない内戦について自ら学んでいった。そういうことになるのだろうか。

私たちは、この元セルビア系武装勢力の山のカフェでそれほど長い休憩を取るつもりはなかったのだが、席についてから店の人がなかなか注文を取りにこなかったので、無駄に流れた時間があった。店内に客は多くなかったから忙しかったわけではないと思うが、会計デスク付近に一人いる中年のウェイターが、全然こちらのテーブルに来ないのだ。スルプスカ共和国に入るところの検問所の警官と同様に、明らかに地元民ではないとわかる私とその連れが、連邦側から来た者たちだと想像するのはむずかしくなかっただろう。スルプスカ共和国の中年ウェイターが、そのせいでなかなか注文を取りに来なかったのかどうか、本当のところはわからない。

☆☆☆

サラエヴォの野外に残る内戦の跡以外にも、内戦を知ることができる場所がある。サラエヴォには多くの博物館が点在しているが、ここではその中で、旧市街に新たにできた、内戦に関する博物館をいくつか紹介する。

子どもたちの戦争資料館

War Childhood Museum は、二〇一七年に開館した新しい博物館だ。「子どもたちの戦争資料館」というようなミュージアムで、サラエヴォ包囲中の子どもたちの日常体験を紹介するために、実際の子どもたちの持ち物が展示されている。自身も戦争中にサラエヴォで子ども時代を送ったという若きアントレプレナーがこのミュージアムを発案し、開設を手掛けた。

サラエヴォという土地の名前はトルコ語に由来し、「城周辺の平地」という意味だと言われているが、旧市街を出ると坂が多く、この博物館はそのうちの一つの坂道の途中、少し奥のところに静かに建っている。

展示スペースはモノトーンが基調のシンプルな作りで、ぬいぐるみや人形、チェス、ラジオなどの子どもたちの遊び道具や、国際機関から配給された支援物資の食糧の缶の数々が並んでいる。

その中に混ざって、思い出がこもった家族の遺品も数多く飾られている。

ある展示物の持ち主は、武力衝突が勃発してすぐに政府軍に参加した父を、最前線の戦闘で失った女の子。残された家族はサラエヴォからどうにか抜け出したものの、避難先の家で夕食を料理中の母が、家に打ち込まれた砲撃で亡くなってしまった。その子がずっと持っていたのは、母が田舎の知り合いに宛ててしたためていた手紙。それはもう、決して書き終えられることのない手紙となった。

別の展示ケースに飾られているのは、亡くなった双子の弟の名前入りの「児童警察証」。国連の仲介で休戦が合意されていたはずのある日、弟は飛んできた手榴弾の破片を受けて、あっという間に命を落とした。最後の日が訪れることも知らず、身分証をもらった弟は、それは誇らしそうだった。双子の姉はその身分証を、二五年近くも大切に自分のお財布に入れていた。

展示品だけ見ているとよくわからないが、英語の説明書きを読んでいくと、それらの遺品を大人になるまで大切に保管していた子どもたちの心情が伝わってきて、こちらまでつらくなってくる。

日本に関係する展示品もあった。古びて色あせたトーシューズは、当時十一歳の少女のもの。包囲されたサラエヴォをコーチとともに抜け出して、日本で開催された新体操の国際競技会に出場した。一か月半、はるかかなたの日本に滞在した後、少女は戦火広がるサラエヴォに戻っていった。どうやって戦火の街から抜け出し、そしてまた戻ったのだろう。あの「戦争のトンネル」を通ったのだろうか。

War Children Museum（子どもたちの戦争資料館）

一つ一つの展示品にドラマが隠されていて、厳しい生活環境であっても楽しもうと、子どもたちが工夫する様子がうかがえて微笑ましくなるものがあれば、悲しい記憶にまつわるものもある。

特筆すべきは、戦争博物館につきものの、思わず目をそむけたくなるようなむごたらしい写真やヴィデオの展示がないという、このミュージアムの特徴だ。戦争の残虐性ではなく、その不条理さに焦点を当てて、巻き込まれた子どもたちの素直な感情をクローズアップしている。これまでにない新しい形の戦争博物館としてのあり方を、このミュージアムは示しているように、私には思えた。

こうした展示内容なら、子どもを連れてきても安心して展示品を見せることができるし、今の子どもたちは、同じ子どもたちの経験を通して戦争について学ぶことができる。そうした配慮が展示物のセレクションから感じられ、さらにはミュージアム全体に芸術的なセンスの良さが広がっている。

子どもたちの記憶で一杯の展示内容は、大人の私にとってもどれも印象深い。年齢を問わずにサラエヴォ内戦当時に思いを寄せる時間が持てる、不思議なオーラに包まれたミュージアムだ。

「人道に対する罪とジェノサイド」博物館

「ジェノサイド」は、最近はこのままカタカナで使われることが多くなっているが、「大虐殺」を意味する。Museum of Crimes Against Humanity and Genocide 1992-1995と、長い名前なので以後、「ジェノサイド博物館」と略すが、このミュージアムは、先に紹介した子どもたちの戦争資料館より約半年早くオープンした。

ミュージアムは旧市街のカテドラル教会の近くにある。小さな入り口を入って、受付デスクにいた背の高い男性に入場料を払うと、男性がチケットを渡してくれながら言った。

「このチケットで、あとから何度でも入れますから。今日だけじゃなくて、数日後でも、いつでも」

予定が詰まっているので、残念ながらまた来ることはむずかしいだろうと思いつつ、私はそのチケットをなくさないように、バッグのカードホルダーに差し込んだ。

一言で言えば、子どもたちの戦争資料館とは対局に位置づけられるようなミュージアムだ。名前のとおり、ここは、人道に対する罪とはどういうことか、大虐殺とはどういうことかを問い、その罪と残虐行為をそのまま伝えるのが目的の場所で、子どもを含めた犠牲者の写真もたくさん展示されている。そのあまりのむごさに、直視するのが困難なものも多々ある。館内は写真撮影はOKということだったが、カメラを向けるのも躊躇してしまう展示パネルも多い。

戦争博物館というと、時代的な理由から展示品の写真やヴィデオはモノクロであることが多いが、この戦争は私たちが生きる同時代に起こったものだから、エヴィデンスは基本的にカラーで残されている。だからよけいに生々しくて、私は思わず何度も目をそむけた。

二人のＵＮＰＲＯＦＯＲの隊員の足元で血を流して倒れている少年の姿が写っている写真はそのうちの一枚だ。地面に血溜まりができるほど大量に出血している男の子の姿が痛々しくて、見るのがつらい。ブルーヘルメットの一人はその子をかばおうとして必死に手を広げ、もう一人の隊員もスナイパーの銃撃から身を隠すものがないままで、倒れた男の子を守るような姿勢を保っている。しかし、彼らの命がけの行為むなしく、七歳の男の子は母親の目の前で絶命した。隊員については説明がないが、幼い生命を奪ったのはグルバヴィッツァのセルビア系支配地域から飛んできたスナイパーの銃弾だったとあるので、その周辺を守っていたフランス人部隊のピースキーパーなのかもしれない。

展示パネルによると、内戦中の一九九二年から一九九五年の間、ボスニア・ヘルツェゴヴィナには六五七の収容所があり、二〇万人の男女、子ども、老人が、収容所内で最も残虐な拷問を受けた。人々は殴られ、精神的、肉体的虐待を受け、手足を切断され、レイプされ、殺された。収容所で三万人が殺されて、大量遺棄された。また、同期間、ボスニア・ヘルツェゴヴィナで殺された子どもは一万五〇〇〇人以上。この戦争において、子どもたちは精神的、身体的、性的拷問の犠牲者だった。

このジェノサイド博物館で言及されている子どもたちの殺害やレイプ、拷問は、子どもたちの戦争資料館では触れられていないものだ。しかしこれは、内戦中、各地で繰り返されていた極めて凶悪な戦争犯罪だ。内戦当時に子ども時代を過ごした人たちの側に立って考えれば、そんな忌まわしい体験を子ども時代の記憶として語ることができず、語るよりはむしろ忘れてしまいたいと思っている、隠れた被害者たちも多いだろう。

最も幼い子どもの犠牲者として紹介されているのは、ヴィシェグラードで生きたまま焼き殺された女の子の赤ちゃんだ。ノーベル文学賞受賞作家のイヴォ・アンドリッチの小説で有名なヴィシェグラードは、内戦前はムスリム系住民が多数を占める地域だったが、セルビア系武装勢力が侵攻し、多くの虐殺が行われた。家に閉じ込められた五九人が砲火によって焼死したのはそのうちの一つの出来事で、母親と他の子どもたちと一緒に犠牲になったその赤ちゃんは、二日間しか生きられず、名前をつけてもらえないうちにこの世を去った。

多くの展示の中で、個人的に私の心に深く残ったものの一つは、グレーとシルバーの色をしたロザリオだ。「展示品の遺品はすべて、スレブレニツァの大虐殺の犠牲者の遺体が大量に埋められた場所から掘り起こされたもの」という説明がついていた。

スレブレニツァの大虐殺は、この戦争中に起こった最悪の大虐殺と言われ、七〇〇〇人から八〇〇〇人のムスリムの男性と少年が、セルビア系武装勢力によって数日間のうちに殺された。カトリック信者が祈りの時に使うロザリオが遺品として見つかったのなら、それは、大量殺戮の犠牲者の中に、ロザリオの持ち主であるクロアチア系住民がいたということを意味している。ムスリム系住民に混ざって、このように運命をともにした他民族の犠牲者がいた事実が、ここにあった。

そしてもう一つ、私の目を引いた一人の女性の写真があった。スレブレニツァから避難する中年と見える女性の大きなモノクロの写真だ。頭を布で覆い、民族的な装いに身を包み、厳しい表情を浮かべて木の枝を杖がわりに右手に握りしめ、山中の道を一人で歩いている。

その写真を見ながら、私はなぜか、原爆の被害者の写真の一枚を思い出した。日本人ならたいてい知っているはずの、「おにぎりを持った少年」の写真だ。

なぜその写真を思い浮かべたのか、私はその写真をぼんやりと記憶しているだけだったので、その時は自分でも理由がよくわからなかったが、ただ、モノクロの写真の全体的な印象が似ていると思った。

日本に戻ってから「おにぎりを持った少年」の写真をよく見てみると、男の子の被った防空頭巾が、スレブレニツァの女性がヒジャブ代わりに被っている厚めの布を連想させ、さらに、男の子の横に立って同じくおにぎりを手に持っている母親の着ている黒っぽい着物が、スレブレニツァの女性の黒っぽい上衣と長いスカートに、イメージ的によく似ていた。私の頭の中で、男の子とその母親の姿が一緒になって、スレブレニツァの女性の姿に重なったのかもしれない。

あるいは、私が即座に思い出したのは男の子のほうだったが、その隣で立ちすくむ、頭を包帯のようなものでぐるぐる巻きにされた母親が、頭を布で覆ったスレブレニツァの女性に無意識のうちに投影されたのか。

いずれにしても、二つの写真に映し出された被害者たちに共通して漂ってくるのは、絶望が一歩手前にある、先の見えない悲壮感だ。その一方で、決定的に違っているのは、すでに地獄を見てしまった原爆被害者の母と子が呆然として涙も出ないでいるのに対し、スレブレニツァの女性は、まだ見ぬ地獄の予兆に包まれて、緊迫する不安に泣き出しそうになるのをこらえながら歩いているように見えることだ。

実際のところ、これも思いがけないことだったが、展示品の数々を見て回るうちに、私の脳裏に広島と長崎の原爆資料館が浮かんできた。負傷した子どもたちの写真、虐殺された遺体の写真、発掘された人骨の写真、軍服や兵士の人形など、様々な展示品が、広島と長崎の原爆被害者の痛ましい写真や原爆関連のレプリカや模型図と重なった。

全部を丹念に見ていくと、二、三時間はゆうにかかる。公的資金を得ていない自主運営による非営利のミュージアムで、設立者の一人はボスニア政府軍元将軍で、退役軍人組織の代表をしているボシュニャクの人だという。この博物館は、現在は、同地域の別のビルに移転している。二〇一八年には、モスタル旧市街に同様の博物館がオープンしている。

ギャラリー11・07・95

ジェノサイド博物館からさほど離れていない、カテドラル教会の脇道を入った右手には、Gallery 11/07/95がある。

ここは博物館というより、スレブレニツァの大虐殺をテーマにしたギャラリーだ。写真家のタリク・サマラさんが、スレブレニツァの悲劇と犠牲者の記憶を保存する目的で、二〇一二年にオープンした。ボスニア・ヘルツェゴヴィナでこうした内戦の記念展示館が誕生したのは初めてのことだったという。

ギャラリーの名前になっている日付、一九九五年七月十一日は、スレブレニツァの大虐殺の始まりの日で、この国の人にとってはトラウマティックな記念日だ。

サマラさんのプロフィールには、クロアチアのザグレブに生まれとあるので、彼はクロアチア人ということになるが、ヘルツェゴヴィナの町で育ち、サラエヴォで三〇年近く仕事をしているそうだ。彼を有名にしたのは、スレブレニツァの大虐殺が残した傷跡を歩いて撮った写真の数々で、ギャラリーには、それらの作品が常設展として展示されている。

受付で入場料を払うと、

「このチケットであとからいつでも入れます」

と、ジェノサイド博物館と同じことを言われたが、こちらのほうが先にオープンしているので、無制限チケットシステムはこのギャラリーの発案なのだろう。

まず目に入るのは、両側の壁いっぱいに並ぶ犠牲者のポートレイト写真だ。様々な年齢の男性に混ざって、時々、少年の写真もある。気づいた限りでは一つだけ、女性のポートレイトも飾られていた。この写真の壁を見ながら、私はニューヨークの9・11メモリアル・ミュージアムやエルサレムのホロコースト記念館で見た、同じように、犠牲者のポートレイト写真で埋め尽くされた壁を思い出した。

ほとんどの写真が、大虐殺から七年後の二〇〇二年に撮られたものだ。ジェノサイド博物館で展示されていた写真は大虐殺当時のものなので、そこに違いがある。つまり、こちらの写真に写し出されているのは、犠牲となった人々の死体ではなく、秘密裏に埋められた場所から掘り起こされた人骨や、発見された人骨を詰めた大量の遺体袋、人骨の身元確認作業など。大虐殺そのものではなく、大虐殺の後に広がる余波にレンズが向けられているのだ。

写し出されたもののむごさはジェノサイド博物館のものと同様なのだが、すべてモノクロに仕上げることで、痛ましさにオブラートをかけるような写真家の意図が感じられる。写真の説明文には、大虐殺の犠牲者の家族が――そのほとんどは夫や息子を殺された妻であり母である女性たちなのだが――、七年経った後でも非常用ハウスに住み、いまだに見つからない失った家族の遺体が発見されるのを待っており、他方で、掘り起こされた多くの人骨が身元不明のままＤＮＡ鑑定を待っている、と書かれていた。こうした実態と、二〇一一年の東日本大震災の被災地の方々の姿が重なった。

加えて言うと、スレブレニツァの大虐殺もアメリカの同時多発テロも日本の東北地方を襲った大災害も、奇しくも同じ11日に起きている。事態は違えど、現代の世界に起きた惨事は、いろいろな形でつながっているものだ。

写真家のプロフィールの紹介文には、彼の心境がこう語られていた。

「もし、私が憎むならば、それは私が弱いということだ。私は自分の人生が、自分の仕事が、憎しみによって支配されることを決して許さなかった」

なぜ、大虐殺から七年も経ってから現地に行って撮ったのか、その理由は説明されていないが、それはスレブレニツァを訪れてから判明することになる。

それにしても、写真家が個人で開いたにしては、とても立派なギャラリーだ。スペースは地元の自治体から提供されており、写真の説明文が英語とトルコ語で書かれているのは、トルコ政府の海外協力機関が開設時に必要な多くの資金を提供してくれたからだという。そういえば、ジェノサイド博物館でもトルコ語の説明文があった。

　このギャラリーはかなりプレスティジャスな存在になっているようで、ドイツのメルケル首相をはじめ、多くの外国政府関係者が見学に訪れている。人道的なアートギャラリーという性格から、公人でも訪れやすいのだろう。

　スレブレニツァはサラエヴォから車で三時間以上かかるから、大虐殺の跡地を訪れる外国人はさほど多くない。でも、サラエヴォのこれらの博物館やギャラリーを訪れることによって、スレブレニツァでなにが起こったかを、ある程度、知り、想像し、考えることができる。私にとってはスレブレニツァに行く前の、心の準備の時間となった。

第四章

スレブレニツァ
——国連平和維持活動の失敗——

スレブレニツァとは、銀鉱山を意味する地名だという。その名の通り、古代にはローマ帝国の貨幣の鋳造所があり、鉛と銀の採掘が行われていた。その後は銀の貿易地や中世の要塞として栄えたが、オスマン帝国支配下に置かれてからは、徐々にその地の重要性が失われ、二〇世紀末には東ボスニア全体が、開発が遅れる地域になっていた。

内戦前の一九九一年の人口統計によると、スレブレニツァ地域の人口は約三万七〇〇〇人。その内、約七五パーセントがムスリム系住民で、約二三パーセントがセルビア系住民。クロアチア系住民は最小民族で約〇・一パーセント、「ユーゴスラヴィア人」が約一パーセント、その他、約一パーセント。つまり、人口の三分の二以上をムスリム系住民が占めていた。主な産業は塩の採掘と農業で、それに加えて有名なスパがあった。

午前八時、手配していた車でサラエヴォを出発。市街を抜けてしばらくすると、セルビアの首都ベオグラードにつながる道となる。一時渋滞したが、やがて、車はすいすいと走るようになった。山を登ったり降りたりのカーブが続き、一時間も走ると平野に出て視界が開け、都会育ちの自分には珍しい、羊の群れを見た。と思ったら、次には牛があちこちの野に放たれていた。

緑の放牧地の中を突っ切るように伸びる道には、今は私たちの車だけ。羊と牛はたくさんいるが、人の姿は見かけない。家屋は遠くに数軒あるだけだ。

このあたりは内戦中、どんな状態だったのだろう。

牧草地の風景があまりにのどかだったので、ここで戦闘が繰り広げられたとは想像がつかない。内戦前からセルビア系住民が住む地域で、戦闘とは無縁でいられたかもしれない。内戦中はこのあたりも含めてボスニア東部一帯に、セルビア系武装勢力が支配を広げ、スレブレニツァと周辺のジェパなど数箇所の町村だけが、ムスリム系住民が多数を占める飛び地となって取り残されて、大虐殺の危険にさらされたのだ。

運転手を兼ねたサラエヴォ出身の男性ガイドのGさんは、道路のすぐ近くにも草を食べる牛たちがいるので、運転の速度を落として走っていく。しばらく行くと、道の先にようやく人影が見えた。私たちの車がゆっくりと後ろから追いつくと、地元の農民らしきその人は、なにかの木製の農具を牛の後ろにつけて引かせていた。

Gさんがその人の横で車を止めて、車内からなにか声をかけると、その人は驚くふうでもなく、立ち止まってこちらを見た。日に焼けた、小柄な農夫のおじさんだ。男性と牛は車道を歩いていたので、助手席の私との距離はとても近く、私には、その人のおでこに刻まれた何本もの深いしわまでよく見えた。

サラエヴォのギャラリーでスレブレニツァの女性たちの写真を見た時に気づいたのが、彼女たちのおでこに刻まれた深いしわだった。こうした深いしわは、男女を問わず、長年、厳しい日差しの下で続けた勤労の勲章なのだろう。

天気の話でもしているのだろうか。男性は、朴訥とした口調でGさんに言葉を返した。Gさんはボスニア語、男性はセルビア語を話しているはずだが、二人の間にむろん言葉の壁などない。

それにしても、牛を連れたその農夫の男性をひと目見て、そのなんともいえないノスタルジックな雰囲気に、私は心を惹かれた。年齢はよくわからない。四〇代から七〇代くらいか。実に牧歌的な空気を全身にたたえている男性の姿から、私はこの国から折々に感じる、時が止まったような不思議な印象を強く受けた。

そしてなぜかその時には、この人はセルビア系だろうなという民族を見定めるような思いは、私の頭の中に、まったく浮かんでこなかった。そこにいたのは、厳しく照りつける太陽の下、一人、無心で牛を引く地元の勤勉な農夫、ただそれだけだ。おじさんの姿もあたりの景色も実に平和的で、何系の民族というやっかいな形容詞はどこかに消えてしまっていた。

印象的なおじさんと別れ、多少ひらけた町並みに入っていくと、道路脇にはトリコロールの国旗があちこちにはためいていた。せっかく民族的なことをしばし忘れていたのに、ここがスルプスカ共和国だということを、いやがおうでも思い出させられる。

サラエヴォ市街を抜けると、東側はすぐにスルプスカ共和国の領土になるのだが、戦争のトンネルからトレベヴィチ山に向かった際に出くわしたような検問はなく、明確にいつ、どこでセルビア系領土に入ったのかはわからない。この国を分断している見えない境界線を越えるのは、物理的にはとても簡単だ。

語られないトラウマ

もうすぐ五〇歳になるというGさんは、内戦前後の五年間をサラエヴォに留まって、パラメディカルとして働いた経験を持つそうだ。サラエヴォ包囲下で医療スタッフとして働いていたのなら、さぞかし悲惨な現場だっただろうと想像がつくが、Gさんが内戦の体験を語る口は重い。

「自分は危険な目には合わなかったが、弟が足を負傷した。でも、幸運にも回復した」

とだけ話してくれた。

しかし、本来は話好きな人なのだろう。

「戦争が終わったあとは、OSCEで仕事を得たんだ。面接を受けに行ったら、語学ができるかと聞かれて。英語の他にフランス語ができるようなことを言ったら雇ってもらえた。フランス語はそれほどできないんだけどね、本当は」

と、自分から具体的に話してくれた。OSCEとは欧州安全保障協力機構の略で、ボスニア・ヘルツェゴヴィナの内戦の対応に深く関わっていた国際機関の一つだ。サラエヴォでお世話になったもう一人のガイドのAさん同様、欧米の支援組織に勤めて今はガイド業というのは、この国で語学力を生かして働く人たちの限られた共通選択肢になっているようだ。

Gさんはこんなふうに、内戦中のこととは直接関係ない世間話なら饒舌になるのだが、内戦のことを振り返って話すのは、ガイドの仕事をしていても気が進まないようだ。モスタルのガイドさんもそうだったが、彼らがそうやって内戦体験を多く語らないことで、かえって如実に浮かび上がってくるのは、戦争のトラウマだ。語ることができないことはトラウマとなって、人の心の深層に残り続ける。ご自身にその自覚があるかどうかはわからないが、彼らは今でも内戦のトラウマを抱えているに違いない。

スレブレニツァでは、一体、どんな内戦のトラウマが待っているのだろうか。そう考えると心が重くなった。

それからだいぶ走って、そろそろスレブレニツァに近づいてきたはずのところ、行く手は土がむき出しの田舎道となって、このまま進むとどんどん山奥に入っていきそうな気配となった。あたりには他の車も人の姿もまったくない。どうも、どこかで道を間違えてしまったようだ。

実はGさんは事務の仕事が本業で、ガイドのライセンスは持っているが、ガイド業自体は趣味的にしているのだそうだ。スレブレニツァに来たのはもう一〇年近くも前のことで、友人と一緒のサイクリングだったというから、道に迷っても不思議ではない。全土からサイクリングでスレブレニツァの大虐殺の追悼記念に集まるイベントが、折にふれて開催されているので、彼もそういう催しに参加したのだろう。

Gさんが車をUターンさせて戻っていくと、タイミング良く、向こうから一台の車が土埃を上げて走ってきた。それは車といえば車だが、日本では見かけることがほとんどなくなった、前のタイヤが一つだけの旧式の小さな三輪トラックだった。

その三輪トラックが、Gさんの合図に気づいて止まってくれた。運転していたのはさきほど出会った農夫と同じくらいの年頃の男性で、話し方は荒っぽいが、親切にも私たちの車を先導して道案内をしてくれることになった。別にメインロードがあるのだが、この道を行ってもスレブレニツァに着くという。ただし、この道は舗装工事がずっと途中で止まったままになっているそうだ。私たちは、前を行く三輪車が舞い上げる、ものすごい土埃をかぶって大変な状況になりながらも、どうにか再び舗装路に出て三輪車と別れた。

そしてとうとう、車は目的地にたどり着いた。細い道の端に、キリル文字と英語で「スレブレニツァ」と書かれた黄色い表示板が立っている。その向こうには数件の新しそうな家屋が見えた。

スレブレニツァ到着

セルビア語の文字はキリル文字だ。内戦前はムスリム系住民が多数を占めたスレブレニツァと近隣の飛び地は、終戦合意により、スルプスカ共和国の領土となった。表示板のキリル文字が、そのことを物語っていた。

しかし結果的には、Gさんが間違えてこの道を行ったのは、私にとっては幸いだった。

スレブレニツァの大虐殺と言われているが、悲劇の始まりの舞台となったのは、当時、UNPROFORの基地があったポトチャリという土地で、スレブレニツァから北に五キロほど先にある。普通にメインロードを行った場合は、このポトチャリに着く。スレブレニツァにも行ってみたければ、そこから、また車を走らすことになる。

一方、私たちが行ったのは逆方向からの道で、まずスレブレニツァに着き、その町中を通ってポトチャリに進むことになる。この道順だと、進軍してくるセルビア系武装勢力から逃れるために、スレブレニツァの人々が、国連保護軍基地に逃げ込もうとポトチャリに大挙して向かったその日の道のりを、そのままたどることができる。わざわざ日本からやってきた者のために、スレブレニツァの空の上から、何者かがそのように導いてくれたのかもしれない。

☆

一九九二年三月にボスニア・ヘルツェゴヴィナ政府が独立宣言をすると、四月にはセルビア系武装勢力がスレブレニツァを攻撃、一時的に支配するも、数週間のうちに、ポトチャリ出身のナセル・オリッチ率いる政府軍が奪回した。オリッチは十八歳の時、兵役義務で当時のユーゴスラヴィア軍に入隊後、特別警察に転属し、ボスニア・ヘルツェゴヴィナ独立宣言がされてまもなく、スレブレニツァに設置された領土防衛組織の司令官に任命された。若干二五歳の司令官は、それから三年間、スレブレニツァを死守し、スレブレニツァの英雄と呼ばれるようになる。

しかし、セルビア系武装勢力は、近隣のムスリム系地域ですでに民族浄化を始めており、ある統計によると、内戦当初の三か月間で、子どもや女性、老人を含む三〇〇〇人以上のムスリム系住民が殺害され、七万人近くが家を追われたという。

そうした周辺地域から逃げてきた人々がスレブレニツァに押し寄せ、スレブレニツァの人口は膨れ上がった。その一方で、セルビア系武装勢力が生活インフラを破壊、さらに、開始された国際支援による人道支援物資の運搬を妨害し、これらの人々を飢餓に追い込んだ。

一九九五年七月の大虐殺が起こる三年も前から、スレブレニツァは危機的状況に陥っていた。セルビア系武装勢力支配地の中で孤立するスレブレニツァは、見えない鉄網に取り囲まれた収容所と化した。

こうした状況下、人道的な懸念の高まりを受けて、一九九三年三月、UNPROFORのフランス人司令官、フィリップ・モリヨン将軍がスレブレニツァに到着した。セルビア系武装勢力による砲火におびえながら、木の葉を食べ、寒さに震える路上での生活を余儀なくされている、多くの避難民の姿を目の当たりにした将軍は、助けを求めて集まってきた群衆を前に、スレブレニツァが国連の保護下に置かれたことを、マイクを通して高らかに宣言した。

「私は、あなたたちを決して見捨てない」

絶望していた人々は、将軍の力強い言葉に励まされて拍手喝采し、歓喜の涙を流した。

それはモリヨン将軍が独自に行った、国連決議に基づかない宣言だったが、四月、国連安全保障理事会は決議八一九を採択し、セルビア系武装勢力による「民族浄化」の行為を強く非難するとともに、スレブレニツァを国連が保護する「安全地帯」とした。時を置かず、約一五〇名のカナダ人部隊によるUNPROFORがスレブレニツァに配備された。

スレブレニツァは国連によって「安全地帯」と宣言された最初の地域で、翌月、サラエヴォを含む計五つの地域が「安全地帯」に追加指定された。

国連の部隊が自分たちを守ってくれる。そう信じたスレブレニツァの住民たちは、時を同じくして行われた国連による武装解除の呼びかけに応え、持っていた武器を進んで差し出した。それがスレブレニツァに平和を生み出すことにつながると国連から言われれば、それを信じた。

続いて、ＵＮＨＣＲ（国連難民高等弁務官事務所）による避難民の移送が開始され、約八〇〇〇人がスレブレニツァから脱出した。しかし、ムスリム系のボスニア・ヘルツェゴヴィナ政府は、住民がいなくなっては領土がセルビア系勢力に奪われると移送に反対し、四万人以上の人々がスレブレニツァに残されたままとなった。政府は、スレブレニツァの人々の命より、領土保守を優先したのだ。領土を奪われないために住民流出を止めようとするのは、政府がサラエヴォでも取った戦略だった。

国連軍が監視しているものの、セルビア系武装勢力が包囲している状況に変わりはなく、ムスリム系の領土を守るための人質として囚われる形となった人々の苦境は続いた。国連は、より重装備の大規模部隊を早急に派遣する必要があったが、カナダ人部隊に代わってようやく派遣されたのは、軽武装のオランダ人部隊だった。

オランダ人部隊、通称「ダッチバット」（Dutchbat）は、一九九四年二月からスレブレニツァに駐屯を始め、約半年で部隊を交代しながら、ダッチバットⅠ、Ⅱ、Ⅲと任務を引き継いだ。しかし、人道支援物資の輸送を警護するオランダ人部隊をセルビア系武装勢力が頻繁に妨害するようになり、その活動は次第に阻まれていった。

最悪の事態は、ダッチバットⅢが駐屯している時に起こった。

一九九五年三月、カラジッチは、「計画され、練り上げられた軍事作戦によって、スレブレニツァとジェパの住民に生命やさらなる生存の希望が一つもない、耐え難い全面的危機の状況を作り出せ」との指令を下し、コードネーム「クリヴァヤ95」作戦が計画、実行されていった。

一九九五年七月六日、作戦は最終段階に入った。セルビア系軍部の最高司令官だったムラディッチが、戦車を連ねてスレブレニツァへと進軍し、攻撃を開始。砲撃により多くの死傷者が出る中、オランダ人兵士三〇名が人質に取られた。ダッチバットのトマス・カレマンス司令官が、ＮＡＴＯの近接航空支援を繰り返し申請するが受理されず、一〇日夕刻の要請も、クロアチアのザグレブに置かれていた総司令部のフランス人総司令官ベルナール・ジャンヴィエにより、却下された。その日の夕方には、ムラディッチが町の中心を見下ろす丘に陣取った。

そして、運命の七月十一日、スレブレニツァ陥落。

「スレブレニツァは、私からセルビアへの贈り物だ」

ムラディッチは、引き連れていた宣伝用のテレビクルーのカメラに向かって、勇んだ様子で言った。第二次世界大戦後、ヨーロッパで起こった人道上最悪の悲劇の始まりだった。

ムラディッチが指揮した大虐殺は、国連が指定した安全地帯で、国連保護軍オランダ人部隊の目の前で実行されていった。UNPROFORは安全地帯を守るため、武力行使が認められていたにもかかわらず、オランダ人部隊は何もしなかった。それどころか、むしろ迎合するかのように、セルビア系武装勢力がムスリム系男性避難民を死のラインへと追い立てるのを許した。ブルーのヘルメットをかぶったピースキーパーたちは、何千というスレブレニツァの人々の生命が失われていくのを、ジェノサイドと人道に対する罪が犯されるのを、ただ黙って見ていた。

国連が守ったのは人の生命ではなく、国連軍の中立性の原則だった。オランダ政府とダッチバット司令部は、自分たちの部隊の安全を守った。現場のオランダ人兵士たちは、「介入するな」「現状維持せよ」という司令官の命令を守った。彼らには、人質に取られた仲間がおり、さらに、ムラディッチ指揮下の一〇〇〇人近い重装備の勢力に対抗するための、十分な武器が与えられていなかったという理由もあった。

しかしなによりも、この国連軍は、罪なき人命を守るという強い意志を明らかに欠いていた。現地司令部はムラディッチの言いなりになった。若い兵士は、助けを求めて絶叫する避難民の女性と目を合わせることもできなかった。ピースキーパーとは名ばかりで、彼らは単なる傍観者だった。

犠牲者やその遺族、かろうじて生き残った人々にとって、自分たちを守ってくれると信じて疑わなかった国連軍は、自分たちを殺されるままに放置した、現代ヨーロッパで最悪のジェノサイドの協力者となった。

「決して見捨てない」という約束の反故は、決定的になった。

よみがえった町並み

のどかな風景をドライブしてきたが、スレブレニツァに入るという段階になると、私はやはり緊張を覚えた。

ところが、どうだろう。大虐殺から二〇年以上の歳月が過ぎ、道沿いにはきれいな新しい家屋があちらこちらに建っている。破壊され、焼き払われ、ゴーストタウンとなったかつての面影はない。続いて目の前には、白くなめらかなミナレットが見えてきた。

内戦前はムスリム系住民が多数を占めたスレブレニツァや周辺の村々は、デイトン合意によってすべてスルプスカ共和国に編入されてしまったので、「浄化」されたこの土地に、内戦後に住み着いたのは一〇〇パーセント、セルビア系住民だった。民族浄化の野望は達成されたのだ。

だが、同じくデイトン合意により、国際社会がボスニア・ヘルツェゴヴィナの和平の履行プロセスを非軍事面から監督するために、上級代表事務所が設置された。その上級代表事務所が中心となって、内戦中に家を奪われた人々が所有権を取り戻すための手続きを二〇〇〇年から開始した。

すると、スレブレニツァにも、自分たちの夫や息子たちと暮らした土地に戻りたいと願う未亡人たちが帰ってくるようになった。

当時の恐怖や悲しみは消えることはない。帰還を歓迎しないセルビア系の人たちからの脅しや嫌がらせも予想された。だが、遺された未亡人たちには、家族愛しか生きるよりどころがなかったに違いない。子どもだったために難を逃れた若い世代もそれに続いて戻ってくるようになり、ムスリム系住民の数は次第に増加していった。

二〇一三年の人口調査によると、スレブレニツァの町の人口は約七五〇〇人、そのうち、セルビア系が五五パーセントと多数を占めるものの、ムスリム系が残りの四五パーセントと、ほぼ拮抗するまでになった。民族が分断状態で暮らしているモスタルと違い、ここでは自然の成り行きで、二つの民族が入り混じって住んでいる。

私が気づいた限りでは、白壁に弾丸の跡が残るがらんどうの家屋が一軒あったが、その回りは新しい家々に囲まれていて、庭で女性がなにか作業をしていた。屋根が崩れかかった三階建ての大きな廃虚のすぐ隣は公園になっていて、数人の小さな子どもたちがにぎやかな声を上げて走り回って遊んでいた。

新たに建設中のモダンな造りの家もあれば、一〇階ほどあるのっぽの新築集合住宅のビルもある。ある階のベランダにはきれいな花やプラントの鉢が並べられ、別の階のベランダには洗濯物が干され、人々が暮らしている

再生された町並み。セルビア正教会とミナレットが立ち並ぶ

普通の光景が広がっていた。衛星放送を受信するための丸型アンテナも目につく。さらに行くと、看板を出した宿屋も見えた。私のような訪問者が泊まれるビジネスも誕生している。

スレブレニツァの町並みは、どこもかしこも生活感にあふれていた。

ただ気になったのは、歩いていた人も含めて、ここで見かけたのは、大人に限ればすべて女性だということだ。スレブレニツァに着く前には農夫と三輪トラックの中年男性に出会っていたが、彼らと同年代のムスリム系の男性は、ここスレブレニツァではほとんどが大虐殺の犠牲となって、存在しないのだ。セルビア系住民男性はいるはずだが、そうした男性も見かけないから、たまたまのことだろうか。もちろん、子どもたちが遊んでいるのだから、若い世代の家族が住んでいて、父親であり夫である男性たちはどこかにいるはずなのだが……。

新たな生命の息吹が感じられ、スレブレニツァは一見すると、歳月の流れとともに再生しているように見える。でもそれは、モスタルでも同じだった。一見すると、復興した町の姿がある。しかしその裏側で、平和な風景の影に消えることのない悲しみや、根深い対立、憎悪が潜んでいる。

訪れた者は、いつ、その影の部分に気づくのか。この国の真実に触れるためには、訪問者は常に覚醒していなければならないのだろう。

車はスレブレニツァを通り抜けてポトチャリに入り、今日の目的地に到着した。予定通り、サラエヴォから三時間半かかっていた。

ここはオランダ人部隊基地があった一帯で、大虐殺の開始地点となった場所だ。現在は、大虐殺の犠牲者を追悼するための記念複合施設が作られている。

☆☆

オランダ人部隊　ダッチバット

スレブレニツァに派遣されたダッチバットは、主にオランダ陸軍の航空旅団から成る部隊だった。オランダは当時、同時期にカンボジアで展開されていたUNTACに、海軍の特別部隊であるオランダ海兵隊を派遣していた。このカンボジアでの国連平和維持活動は、日本が初めて自衛隊と文民警察を派遣した「国連PKO」として記憶している日本人も多いことだろう。

こうしたことから、国連から歩兵部隊の派遣要請を受けていたオランダ政府は、海兵隊ではなく、陸軍に新設されて間もない航空旅団部隊をボスニア・ヘルツェゴヴィナに派遣することを決定した。

この航空旅団は陸軍の歩兵で編成される緊急展開部隊で、ユーゴスラヴィア連邦諸国独立の動きに先立って起こった一九八九年末のベルリンの壁の崩壊によって激変した、欧州集団安全保障のニーズに伴って創設されたものだ。オランダ政府には、すでに海兵隊をカンボジアに送っていたという事情とは別に、航空旅団をＵＮＰＲＯＦＯＲの部隊として派遣することで、疑問視され始めたその有効性を国内外に示し、航空旅団創設を正当化しようとする政治的意図があったと言われている。オランダ防衛省は航空旅団ではなくロジスティックス部隊の派遣を主張していたが、最終的に合意した。

別の当事者たちの事情に触れると、国連、ボスニア・ヘルツェゴヴィナ政府とも、スレブレニツァへの派遣候補としてオランダ人部隊をファーストチョイスとは考えていなかった。しかし、セルビア系上層部の同意を得るには撤収するカナダ人部隊より軽装備の部隊でなくてはならず、オランダ人部隊が候補に残った。周辺地域を完全支配しているセルビア系武装勢力の同意なしには、ＵＮＰＲＯＦＯＲは部隊の交代すらできなかったのだ。

一方、オランダ自体もスレブレニツァは希望の地ではなく、中央ボスニアへの部隊派遣を希望していた。任務地が、スレブレニツァとその近郊にある同じくムスリム系の飛び地ジェパであることをＵＮＰＲＯＦＯＲから知らされたのは、着任予定の一九九四年一月の一か月前のことだった。当惑するオランダ政府は、スレブレニツァに派遣するなら情報収集ミッションの事前派遣が最低必要条件だとしたが、セルビア系上層部の協力が得られず、オランダ人部隊の派遣は延期を繰り返した。

早急な後任部隊の派遣が急がれる中、膠着状態を破ってカラジッチの同意を取りつけたのが、UNTACでブトロス・ブトロス＝ガリ国連事務総長特別代表を務め、その任務終了後、今度は旧ユーゴスラヴィア問題担当の国連事務総長特別代表に就任した明石康氏だった。オランダの情報収集ミッションは派遣され、ダッチバットの派遣と駐屯に関する計画が練られていった。

そして一九九四年二月から三月にかけて、約六〇〇名のオランダ人部隊がようやくスレブレニツァに到着した。歩兵中隊二隊、本部管理中隊、支援中隊で構成され、半数が兵員、残りの半数がその他の業務を行うサポートスタッフだった。ポトチャリに司令本部を置いて駐屯する他、一隊はカナダ人部隊が使っていたスレブレニツァの施設を拠点とした。当初はヘリコプター分遣隊も構成されていたが、セルビア系上層部の強固な反対にあって、同年九月には撤退した。

ダッチバットに与えられた任務は、UNHCRをはじめとする支援機関の人道支援活動の保護の他、負傷者の避難のため、住民の保護と生活環境改善のため、そして対立の解消のための環境作り、さらに武装解除状態の維持だった。

だが、水も電気もない、食糧もほとんどないスレブレニツァの非人間的な環境を目の当たりにしたオランダ人兵士たちのショックは大きく、自分たちは強制収容所をガードする守衛のようだと感じる者もいた。

兵士たちは主に、設置した監視ポイントでの監視とパトロール活動によって任務を遂行したが、セルビア系武装勢力の度重なる妨害を受けた。それだけでなく、セルビア系武装勢力と激しく対抗する現地の政府軍からも抗議を受けたり、行動を阻まれたりすることもあり、安全地帯を守るダッチバットの兵士たちの心理的ストレスは大きかった。

それでも、スレブレニツァに三年以上も閉じ込められている人たちに比べれば、オランダ人兵士たちの試練は期間限定のものだった。兵士たちの任務は約半年で、新しい部隊へとローテーションされることになっていた。半年間、無事に任務をこなせば安全な母国へ帰ることができる。人間らしい普通の生活に戻れることが約束されていた。部隊はこのようにしてⅠ、Ⅱと任務を引き継ぎ、ダッチバットⅢは一九九五年一月から駐屯を開始した。

しかし、セルビア系武装勢力は飛び地の支配を一段と強化し、ダッチバットⅢの着任から一か月後には、人道支援物資の輸送が妨害されて避難民に届かなくなっただけでなく、二月を最後にダッチバット用の食糧や燃料を補給する輸送車までもがブロックされ、オランダ人部隊自体も困窮を迫られるようになった。燃料不足のため、任務面ではそれまでの車両でのパトロール任務を徒歩で行うようになり、生活面では冷蔵庫の使用や給湯が不可能となり、お湯のシャワーはなく、夜はキャンドルライトを灯して過ごすようになった。

ポトチャリの兵士たちにさらなる打撃をもたらしたのは、別隊のダッチバット兵士死亡の知らせだった。スレブレニツァとは別に、そこから北東に位置するムスリム系地域のトゥズラに約二〇〇名のオランダ人中隊が追加派遣され、トゥズラ近郊のムスリム系の飛び地を保護する任務に就いていたが、三月末、その監視ポイントに打ち込まれたセルビア系武装勢力の砲弾で一人の兵士が負傷し、運ばれたトゥズラの病院で亡くなった。兵士が二一歳の誕生日を迎える数日前のことだった。

さらに五月、セルビア系武装勢力は、ＵＮＰＲＯＦＯＲの隊員であろうと誰一人として出入りを許さなくなり、スレブレニツァを完全に孤立させる動きに出た。そのため、休暇で任務を離れていた兵士たち約一七〇名が基地に戻れず、残された人員のみで活動を続けなければならなくなった。

当初の計画では、オランダ人部隊の派遣期間は最長十八か月間で、一九九五年七月には部隊を撤収する予定だった。だが、スレブレニツァにおけるＵＮＰＲＯＦＯＲのプレゼンスが引き続き必要とされる中、国連がダッチバットⅢの後任部隊をなかなか決めることができず、オランダ人部隊の任期は、困難な状況の中で長引いていった。

こうして、ダッチバットは自分たちまでもが孤立した飛び地で人質に取られているかのような立場となり、兵士たちのモティベーションは低下する一方だった。そして、撤収が予定どおりに完了していればスレブレニツァをすでに去っていたはずの頃、飛び地に残されたオランダ人部隊は、究極の事態に直面した。

大虐殺のタイムライン

大虐殺が始まる前、迫りくるムラディッチの軍隊から逃れようとするスレブレニツァの群衆が押し寄せた元国連軍基地前の土地に立って、私はその日の様子を五感で想像してみようとした。

しかし、基地を囲む柵はすでに取り払われており、群衆が埋め尽くしたこの場所に、今は私以外に人の姿はない。このままでは殺される、基地の中に入れてくれと、必死に懇願する人々でさぞかし騒然としていたはずだが、私の耳には雑草が風にゆれる音が聞こえてくる。あまりにも状況が違いすぎて、イメージをその日のカオスにシンクロナイズさせるのはむずかしかった。

◆七月六日「砲撃――最終攻撃の始まり」

早朝から、セルビア系武装勢力がスレブレニツァに戦車による砲撃を開始。昼過ぎまでにはオランダ人部隊の基地付近や複数の監視ポイントも砲弾が打ち込まれ、ダッチバットが任務に就いてから最も激しい攻撃を受けた。

スレブレニツァの政府軍は、反撃に出るために、二年前の武装解除で回収された武器を返却するよう、ダッチバット司令官に求めたが、拒否された。ある国連上層部は、「国連安全地帯を守るのは政府軍ではなくＵＮＰＲＯＦＯＲの責務であり、政府軍とセルビア系武装勢力との直接交戦で、事態がエスカレートすることは望ましくない」と、ダッチバット司令官の決定を支持した。政府軍は武装解除の際にすべて引き渡さずに隠し持っていた小銃で応戦したが、反撃は限られたものだった。

午後、ダッチバット司令官は、ＮＡＴＯによる近接航空支援をサラエヴォ本部のオランダ人参謀長に要請するが、オランダ人部隊に犠牲者が出ていないことなどから、要請は正式に受け取られなかった。ダッチバットが応戦することもなかった。

◆七月七日「危機、伝達されず」

前日のスレブレニツァへの攻撃については、ニューヨークの国連本部にまだ伝わっていなかった。サラエヴォで激しい砲撃が行われたため、国連の関心はそちらに向けられ、ミロシェヴィッチ・セルビア大統領及びムラディッチと、ベオグラードで会談した欧州連合代表も、サラエヴォの状況への懸念を伝えたものの、スレブレニツァに関しては何も言及しなかった。

一方、スレブレニツァでは前夜から激しく雨が降り、日中は濃い霧で視界が悪く、目立った交戦はなかったが、夕方になって、セルビア系武装勢力が町の中心部に砲撃。住民に死者四名、負傷者十七名以上を出した模様。ダッチバット基地付近にも戦車で砲弾を打ち込んだ。

ダッチバット司令官は「スレブレニツァの飛び地の人々のためのアピール」として、「空陸を問わずあらゆる手段の支援」を要請するとトゥズラ地域司令部に伝えたが、その要請がザグレブの総司令部に伝達されたかどうかは不明。スレブレニツァ最後の総攻撃の幕が開けたとは、ザグレブでもニューヨークでも、まだ誰も気づいていなかった。当の現地ダッチバット司令官も、セルビア系武装勢力の攻撃は威嚇が目的と考え、スレブレニツァが完全に陥落するとは思ってもいなかった。

◆七月八日　「激化」

セルビア系武装勢力の戦車による砲弾やロケット弾の嵐が、スレブレニツァの町を襲う。スレブレニツァの政府軍は引き渡した武器の返却を再度要求するが、ダッチバット司令官に再び却下された。

セルビア系武装勢力の激しい攻撃は、ダッチバットの監視ポストに対しても行われ、三つの監視ポストがセルビア系武装勢力に乗っ取られた。ＵＮＰＲＯＦＯＲは自衛のための武器の使用が許可されていたが、ダッチバットが応戦することはなかった。ダッチバット司令官は、サラエヴォ本部のオランダ人参謀長に近接航空支援を要請するが、参謀長が再び却下し、正式な要請が上の指揮系統に伝達されることはなかった。

◆同日　「オランダ人兵士の死」

乗っ取られた監視ポストの一つから、ダッチバット兵士たちが装甲兵員輸送車で退却を始めると、退却させまいとする政府軍が立ちふさがった。装甲車が政府軍の制止を振り切ろうとする混乱の中、一人のオランダ人軍曹が生命を落とした。政府軍による手榴弾、あるいはピストルの銃弾を受けたことによる死亡とされた。

ポトチャリ駐屯のダッチバットに出た最初の犠牲者となったこの兵士は、二か月前に二五歳になったばかりで、セルビア系武装勢力が飛び地の出入りを遮断していなければ、休暇に入っているはずだった。偶発的とはいえ、自分たちが守っているはずのムスリム側の行為によって仲間が犠牲となったことに、ポトチャリの兵士たちは、何のための任務なのかと意欲を失い、部隊の士気はどん底に落ちた。

しかし、仲間を失った兵士たちの悲しみに怒りをつけ加えたのは、自分たちの司令部の振る舞いだった。司令部幹部が安置された兵士の遺体の元を訪れてその死を悼むことはなく、副司令官は、兵士の遺体を冷凍保存するために、貴重な備蓄燃料を使うことを許可しなかった。連絡を受けたザグレブ総司令部のオランダ人大佐の働きで、兵士の遺体は翌日になって家族の待つ母国へと移送されていった。

この日、ジュネーヴで会合を持っていたＵＮＰＲＯＦＯＲ上層部に、スレブレニツァのこうした事態が伝えられることはなかった。

◆七月九日「オランダ人兵士、人質となる」

新たに複数の監視ポストがセルビア系武装勢力に奪取され、オランダ人兵士たちは武器を取り上げられた上、身柄を拘束された。警戒中の装甲車も襲われ、身柄を拘束されたオランダ人兵士は三〇名となった。

セルビア系武装勢力は、スレブレニツァの町まで一キロのところまで迫ってきていた。状況を把握したサラエヴォ本部やザグレブ総司令部は、近接航空支援を支持。午前中からNATOの軍用機がスレブレニツァ上空で待機するが、正式な命令を待つうちに燃料切れで引き返す。午後、軍用機はいつでも飛び立てる状態で待機するが、正式な申請が総司令部に届くのが遅れるなどの理由から、この日の空爆は行われなかった。

夕刻、総司令部はダッチバットに侵攻を防ぐブロック拠点を築くよう指令を出すとともに、ブロック拠点が攻撃されれば直ちに近接航空支援を行うと、セルビア系軍部上層部に通告。これを受けて、NATOは翌早朝から軍用機を待機させる態勢に入った。

◆七月一〇日「迫りくる武装勢力」

ダッチバットは早朝からブロック拠点を築き始めたが、セルビア系武装勢力はスレブレニツァの町に向かって終日砲撃を浴びせ、政府軍が防戦に出るものの、四〇名以上の民間人の死傷者が出た。夕方には、セルビア系兵士たちがスレブレニツァの町を見下ろす高台に配置し、いまにもスレブレニツァに襲いかかる態勢となった。

ブロック拠点のダッチバットは、ついに、迫撃砲や装甲車の回転砲塔を使って威嚇射撃を開始。セルビア系武装勢力の攻撃は収まったが、パニックになったスレブレニツァの人々は、保護を求めてダッチバット基地へと逃げ出し始めた。

ダッチバット司令官は、再び近接航空支援を繰り返し要請。夕方の要請はザグレブ総司令部まで届くものの、夜九時過ぎ、ジャンヴィエ総司令官が却下。代わりに、セルビア系武装勢力が撤退しなければ攻撃を開始するために、翌朝六時からＮＡＴＯの戦闘機がスタンバイするとし、その旨がダッチバット司令部へと伝達された。予定は、ダッチバットから政府軍やスレブレニツァのリーダーにも伝えられた。

総司令部はセルビア大統領やムラディッチと接触するも、休戦合意はまとまらなかった。

◆七月十一日「スレブレニツァ陥落」

朝。夜明けからいくら空を見上げて待ち続けても、前夜に約束されたＮＡＴＯの戦闘機は現れなかった。

スレブレニツァの人々は、自分たちは見捨てられたと思った。

壕で敵襲に備え続けながら、空爆をいまかいまかと待っていたオランダ人兵士たちも、国連は自分たちのために何もしてはくれないのだと、激しく落胆した。

七時過ぎ、ダッチバットがトゥズラ地域司令部に電話すると、担当者は不在で、代わりに出たパキスタン人兵士から、近接航空支援の要請を文書でファックスするよう言われた。

急いでファックスすると、同じ兵士から、フォームが間違っていると言われ、再度ファックスし直すと、今度は必要な記入事項が抜けていると言われた。近郊トゥズラのUNPROFORはスレブレニツァのひっ迫した状況を把握しているはずだったが、NATO国出身でないパキスタン人兵士は、手順に忠実であることを優先した。

要請は八時半にはトゥズラからサラエヴォへと送られるが、サラエヴォのオランダ人参謀長から、ダッチバットも町もまだ攻撃を受けていないとして却下される。セルビア系武装勢力が一歩一歩近づいてくる状況で、一〇時、ダッチバットは再度、近接航空支援を要請。

NATO側は前日の指令通り、朝六時からアドリア海上空で戦闘機を待機させていたが、戦闘機は、一〇時半過ぎに燃料補給のためイタリアの基地まで引き返した。そのタイミングに合わせるかのように、セルビア系武装勢力の攻撃が開始された。町に残って臨戦態勢を取っていた政府軍有志がセルビア系武装勢力と交戦を始めたが、それも限界だった。死んでもスレブレニツァを守ると町を防衛し続けてきた政府軍司令官オリッチは、この年四月からトゥズラに行ったままで、スレブレニツァが最大の危機的状況を迎えている時には不在だった。

早朝のNATOの空爆が敵を撤退させてくれるという期待は完全に裏切られ、人々は追っ手から逃れるように群をなして五キロ先のポトチャリの国連軍基地へと歩いて避難を始めた。猛暑の中、基地への長い一本道を、女性も小さい子どもも懸命に歩き続けた。手押し車に乗せられて運ばれる老人もいたが、歩き続けられずに途中で取り残される人たちも出た。

午後二時半には、ブロック拠点に残っていたダッチバット兵士も撤退を決め、逃げる避難民をエスコートしながらポトチャリへと移動。

スレブレニツァが陥落していく中、ザグレブ総司令部の明石特別代表とジャンヴィエ総司令官が、正午過ぎに近接航空支援を許可。午後二時四〇分過ぎ、オランダのＦ16戦闘機二機がセルビア系武装勢力の戦車に向けて爆弾投下したが、時すでに遅く、その効果は限られた。アメリカ空軍の戦闘機や爆撃機もスレブレニツァ上空へと向かったが、「空爆を続ければダッチバット基地への直接攻撃を開始し、加えて人質となっているダッチバット兵士を殺害する」というムラディッチの警告を受け、オランダ政府が空爆の中止を強く要請し、以後の空爆は中止された。

ポトチャリへと避難する人々と入れ替わるようにして、午後四時には、ムラディッチとその軍隊が、空っぽになったスレブレニツァの町に入った。

◆「ダッチバット基地の避難民」
ポトチャリの基地には、スレブレニツァから逃れてきた大量の人々が押し寄せていた。ダッチバットはそのうち約五千人のみを基地内の工場倉庫に入ることを許した。

午後五時前、とうとう、ムラディッチの軍隊が基地の外に避難している人たちの前に姿を現した。残された二万人近い避難民は、敵におびえながら基地周辺の野外で一夜を過ごした。

基地内の倉庫に入れられた人々は敵から姿を隠すことはできたが、ほんの少しの食料と水が配られただけで、七月の暑さの中、空調もない倉庫に押し込められ、家畜のような扱いに耐えるしかなかった。

◆「ムラディッチとダッチバット司令官の会談」
同日夜八時頃、ムラディッチはダッチバット司令官を近郊のブラトゥナツのホテルに召喚して会談を持った。ムラディッチは空爆についてダッチバット司令官を責め立て、司令官やダッチバット兵士たちが生きて国に帰りたければ、自分に「絶対的な協力」をしろと脅し、避難民をポトチャリから立ち退かせるためのバスを用意するよう要求した。

同夜遅く、ダッチバット司令官がムラディッチの要請で住民代表の男性を連れて再び会談に赴くと、ムラディッチは、住民代表の男性に向かって、避難民は「生き残りたいのか、留まりたいのか、消え去りたいのか」、明確に決めるよう迫った。

◆七月十二日「処刑対象の選別」

午前中、ムラディッチの要求でさらに住民代表が参加して、三度目となる会談が開かれた。ムラディッチがポトチャリに避難している人々を移送させる計画を述べ、「戦争犯罪者が紛れ込んでいないか、十六歳から六五歳の男性全員をスクリーンにかける」ために集めるよう、ダッチバット司令官に伝える。ムラディッチが事前に練られた「民族浄化」のシナリオを実行に移していることは、この会談で明白になった。

その計画を聞いた住民代表は、基地に戻ると、その年齢層の男性と少年にはとりわけ死の危険が迫っていると、ダッチバット副司令官に訴えた。ところが副司令官は、住民代表の懸念を無視し、基地施設内にいる十六歳から六五歳までの男性のリストの作成を指示。負傷者を含めた二三九人の名前と年がリストアップされ、身分を明かすのを拒んだ者が多数いたことも追記された。

これらの男性を施設から追放しないようにと、住民代表が繰り返し懇願したにもかかわらず、副司令官はリストの内容をセルビア系武装勢力に伝えた。副司令官はまた、リストけ取った側の机の引き出しにしまわれただけだった。

◆「ポトチャリ基地からの追放」

同日午後一時頃から、セルビア系武装勢力が大挙して基地を取り囲んだ。基地前に現れたムラディッチは、「すべて安全に行われる。心配ない」と避難民たちに声をかけ、その様子をプロパガンダのため、セルビアのテレビに撮影させた。セルビア系兵士たちが避難民の女性たちにパンや水を配り、子どもたちに菓子を投げ与える様子も撮影された。

午後二時。ムラディッチの要求通りにダッチバット司令官が手配した、五〇台以上のバスやトラックが到着。基地に避難している人々のうち、負傷者、女性、子どもだけがバスに乗り込むことを許された。これらの避難民はバスでいくつかの近郊の土地まで運ばれ、その後は、政府軍側の支配地に着くまで、約六キロ歩かされた。歩けない老人たちは、バスから降ろされた場所で放置された。歩き切ることのできた女性や子どものほとんどは、トゥズラの空港基地へと避難した。

ダッチバットは最初の数台のバスを警護しようとしたが、途中でセルビア系武装勢力に妨害され、武器やブルーヘルメット、装甲車までも略奪されて、警護を中止。

総司令部が代表団の現地派遣を試みるが、ムラディッチはダッチバット司令官のみと事を進めるとして受けつけなかった。すでに自分の言いなりになっているダッチバット司令官を操り続けるほうが、ムラディッチには得策だった。

◆七月十二日夜から十三日にかけて　「基地周辺での殺害」

追放は暗くなるまで続けられた。オランダ人兵士たちは、セルビア人が指揮権を握っていることを受け入れるしかなく、「自分たちは無力に感じた」と後日、証言した。

この夜、基地の周りでセルビア系武装勢力による住民に対するレイプ、拷問、殺害が行われた。オランダ人兵士や避難民が、銃弾の音を耳にしたり、死体を目にしたりした。処刑を目撃した者もいた。兵士や住民代表がダッチバット司令官と副司令官に報告したが、彼らが殺害を止める対応を取ることはなかった。司令官が自分たちの周辺で残虐行為が始まっていることを、国連上層部に伝えたかも不明。

住民代表たちは訴え続けた ―― この悪行を即刻、止めてくれ、調査して世界に伝えてくれ、追放を手助けするのをやめてくれ、避難民を基地内で保護し続けてくれ、と。だが、ダッチバット副司令官は、代表たちの懸命の頼みに耳を傾けるどころか、翌朝も避難民の移送が続くと伝えて、こう言った。

「施設の外にいる全員が運ばれたら、次は、お前たち、施設内にいる避難民の番だ」

住民代表らは、せめて、施設内にいる男性は保護し続けるように繰り返し頼んだが、無駄に終わった。副司令官の命令で作られたリストに載せられた男性避難民は、すべてセルビア系武装勢力に引き渡され、全員殺害された。

◆「協力者の追放」

ダッチバット司令官の依頼に協力し、ムラディッチとの会談のテーブルについた住民代表たちの運命も、司令官、副司令官によって翻弄された。住民代表の二人の男性の内、一人は施設内に残ることを許されて助かった。彼は独身だったので家族の心配はなかった。だが、もう一人の代表は、通訳として働いていた長男と一緒に基地内に留まるか、妻と次男の息子を連れて退去するか、どちらか選べと副司令官から無慈悲に迫られた。男性は、妻と次男と一緒に退去することを選び、退去した三人はその後、全員殺害された。一人残された通訳の長男は、家族がどんな最期を迎えたか知るよしもなかった。

◆七月十三日「そして、誰もいなくなった」

朝七時、追放はこの日も続き、昼までには、施設の外にいた避難民はすべていなくなった。

次に、オランダ人兵士たちは工場倉庫内にいた避難民に、「五人のグループになって出発開始。家族は一緒に行ってよい」と指示を出した。これらブルーヘルメットの兵士たちは、倉庫から駐屯地の正面入口まで並列して避難民を誘導し、外で待ち受けるセルビア系武装勢力に受け渡す作業を続けた。

午後六時。倉庫内にいた避難民は、一部の負傷者とローカルスタッフを残して、すべて退去させられた。結果的に、基地に保護を求めて避難してきたボシュニャク人男性のほとんどは殺害された。

◆「ブラトゥナツでの収容」

七月十二日と十三日、ほとんどの男性と少年たちが、ポトチャリから数キロ離れたブラトゥナツに移送され、サッカー場と小学校の体育館に収容された。

十三日、明石特別代表は、「約四〇〇〇名の徴兵適応年齢の男性が、セルビア系武装勢力によって『スクリーニング』されるため、ブラトゥナツに留められていると思われる。彼らの運命は誰もが懸念するところである」と、ニューヨーク及びジュネーヴに伝達した。

◆「キリングフィールド」

七月十四日から十六日の間に、これらの男性と少年たちは、目隠しをされて約三〇台のバスに乗せられた。そしてブラトゥナツからズヴォルニクへ移され、次から次へと処刑された。学校、ダム、農場などが大量虐殺場として使われ、それぞれの場所で一〇〇〇人から一二〇〇人近くが殺害された。ボシュニャク人男性と少年たちの死体がほうぼうに散乱した。

◆「クラヴィツァの倉庫」

七月十三日、大規模な集団が、ブラトゥナツではなく、クラヴィツァに移送され、倉庫に詰め込まれた。セルビア系警察と軍隊がその倉庫内の集団に、自動小銃とロケット弾で発砲、手榴弾を投げ込んだ。少なくとも一〇〇〇人が殺害された。

◆「生と死の行進」

七月十一日、オランダ人部隊基地へ避難した人々とは別に、町から北西の地点に男性たちがぞくぞくと集合し、徒歩でムスリム系支配地域のトゥズラに向かうことを決め、深夜に隊列を組んで出発した。セルビア系武装勢力支配地域を一〇〇キロ近く歩いて突破する計画だった。

ダッチバットは自分たちを守ってくれはしない。基地に避難すれば、男は皆殺される。それよりは決死の覚悟でトゥズラを目指すほうが、生き残る可能性が高いと考えたのだ。スレブレニツァに残って戦っていた政府軍兵士たちが先導し、推計で一万二〇〇〇人から一万五〇〇〇人がこの列に続いた。

当初、ムラディッチはこのことに気づいていなかったが、翌朝には、隊列はセルビア系武装勢力に発見され、銃砲の攻撃にさらされることになった。砲撃や待ち伏せによって隊列は散り散りになり、はぐれてしまう者も多数出た。飢えと渇きで投降する者、ジュネーヴ条約に則って捕虜として扱われるとだまされて投降する者、ダッチバット兵士から奪ったブルーヘルメットや国連の装甲車で偽装したセルビア系武装勢力にだまされて、捕らえられた者もいた。これらの投降者はすべて処刑された。敵に捕らえられる前に互いをピストルで撃ち合って、自決する兵士たちもいた。

◆「トゥズラ　国際社会の懸念」

ポトチャリから移送されてきた約二万人の避難民の受け入れのため、UNPROFORのトゥズラ空軍基地に、大規模な仮設難民キャンプが設置された。やがて、移送された避難民の中に男性がいないことがメディアや国際社会の知るところとなり、ムスリム系男性が大量殺戮されたのではないかという懸念が高まった。

数日後、スレブレニツァから徒歩で強行突破してくる隊列が接近中との情報を、トゥズラの政府軍がキャッチ。トゥズラに留まっていたスレブレニツァ政府軍司令官のオリッチが、志願兵の援軍を率いて駆けつけ、ムスリム系支配地域側へ渡ろうとする隊列へ最終攻撃をしかけるセルビア系武装勢力と交戦した。一方、ポトチャリからもトゥズラからも、UNPROFORがこのボスニャク人の隊列の援護に駆けつけることはなかった。

地獄の行進の出発から五日後、十六日夜から翌朝にかけて、トゥズラ近郊のムスリム系支配地域に、隊列の先頭の一団が到着し、ようやく男性たちの生存が確認された。と同時に、国際社会では、ムスリム系男性大量殺戮への懸念が一層深まった。男性の生存者があまりに少数だったからだ。

最終的に目的地まで生きてたどり着いたのは、推計で約四五〇〇人から六〇〇〇人。隊列に加わった約半分の人数だった。

◆七月二一日「民族浄化」のミッション終了

守るべき避難民がすべて消え去ったあとの安全地帯で、ダッチバット兵士たちはすることもなく駐留していたが、総司令部とムラディッチの交渉により、人質となっていた兵士たちは解放され、ダッチバットⅢは本国帰還のため、七月二一日にスレブレニツァを離れることが合意された。

出発の日、カレマンス司令官はムラディッチからきれいにリボンで包装されたギフトの数々を手渡された。

「私の妻への贈り物ですか?」

司令官は上機嫌でお愛想を言って、有難そうに受け取った。さらに、別れの前には、ムラディッチもカレマンス司令官も満面の笑みで握手をして礼を言い合った。

「サンキュー、サー」

それはまるで、ムラディッチの軍隊と国連軍との、共同作戦の成功を祝うかのような光景だった。

ムラディッチとその部下たちは、敬礼してオランダ人部隊の車両を見送ったが、それらの部下たちの頭には、国連軍のブルーのベレー帽があった。ヘルメットだけでなく、ベレー帽も略奪されたのか。それとも置き土産にしたのか。セルビア系兵士たちがそれを被って再び国連軍を装い、別の場所で別の人々を欺く可能性を残して、ダッチバットは去っていった。

◆七月二三日「帰国前の会見」

オランダへ帰国の途に着く前の七月二三日、カレマンス司令官は本国オランダ軍の最高司令官とともにザグレブで記者会見し、虐殺の情報を得ていたにもかかわらず、「ポトチャリでは、なんの残虐行為も行われなかった」と発表した。両者はムラディッチを優れた軍人だとたたえて、ムラディッチが実行したのは「見事に実行された軍事作戦だった」と称賛した。

国連安全地帯で起こった人道上の悪夢

ここまでに記した大虐殺のタイムラインの中での出来事は、起こった人道上の悪夢のほんの一部の要約に過ぎない。

しかし、このサマリーに触れただけでも、誰もが抱くだろう疑問は、

「UNPROFORは、なぜ、大虐殺を防ぐことができなかったのか」

ということだろう。これは大虐殺の発覚後から様々な方面から問われている、最大の問題点だ。

悪夢が起こった状況は、ブルーヘルメットの兵士数人が、偶発的にその場に居合わせたというものではなかった。ムラディッチの統制下、大虐殺は恐ろしいほどシステマティックに実行されたが、国連軍オランダ人部隊もまた、オランダ人司令官の指揮の下、その大虐殺に体制として対応し、システマティックに協力したのだ。

ダッチバットⅢの行動については、さらに多くの疑問が生じる。

——なぜ、避難民を基地施設内で保護し続けなかったのか。

——なぜ、ムラディッチの考えに迎合するように、十七歳から六五歳までの男性をリストアップして、該当者を施設内から追放したのか。

——該当年齢の男性と少年たちが選別されれば、彼らには死の危険があると知らされていながら、司令官、副司令官は、なぜ、ムラディッチに協力し続けたのか。

——兵士たちは、なぜ、大量の避難民の選別や、家族から引き離すという非情な作業に、黙々と協力し続けたのか。

——ダッチバットは、それがブルーヘルメットとしての自分たちのミッションだと、本当に信じていたのだろうか。

——こうした行動は、人道的介入と言えるのだろうか？

基地への攻撃や人質の殺害という脅しがあったことは、すでに指摘した。それを承知で問いたいのは、人の心の問題だ。良心の問題だ。疑問を正しく問えば、「なぜ、そうした行動をしたのか」ではなく、「なぜ、そうした行動を取ることができたのか、取り続けることが人としてできたのか」ということだ。行動を取った理由ではなく、心理を知りたい。

ムラディッチとその軍隊は残虐行為を繰り返したが、その影に隠れて、ダッチバットの司令官、副司令官もまた、非道な行為を繰り返したとは言えないのだろうか。特に副司令官については、もしかしたらこの人は、ムスリム人を憎んでいるのではないかとさえ思わせる冷酷さが、その言動から感じられるのだ。

人道的な使命を受けて派遣されてきた者たちが、人類普遍の価値観とはかけ離れた暴虐非道な行為に、消極的にでも加担することが、なぜ可能だったのか。なぜ、拒否しなかったのか。

「それはできない。避難民は一人として渡さない」

と、殺戮者の要求を毅然とはねつける勇気は、良心は、ブルーヘルメットのマンデートではないのか――

国連決議に基づいて言えば、安全地帯に展開するＵＮＰＲＯＦＯＲの任務は、安全地帯への攻撃の阻止や人道支援物資輸送の警護であって、安全地帯の住民や避難民を直接的な保護の対象としているわけではない。武器の使用は、国連決議八三六により、安全地帯が攻撃された場合の

「自衛のため」の対応として追加的に認められたものだ。

しかし、国連平和維持活動は、状況の急変に即した対応を取る必要がある。一刻を争う緊急事態において人命を救うためにどういう対応を取るかは、当事国で活動する国連軍司令部の裁量次第だ。

スレブレニツァが陥落した七月十一日、人道的危機が迫る中、サラエヴォ本部で司令官代行を務めていたフランス人副司令官は、まさしくそうした緊急対応を取った。スレブレニツァのダッチバット司令部に対し、「ダッチバット保護下の避難民と民間人を守るためのあらゆる適切な方法を用いる」ことを指示したのだ。

「避難民は一人として渡さない」と相手の要求をはねつけるのは、この指示に従って取ることのできる最もシンプルな方法だ。そしてこの平和的な方法を用いるのに、武器を使う必要はない。必要なのは、そうする勇気と良心だけだ。

一方、オランダ政府はスレブレニツァ陥落の知らせを受けた後、ダッチバットの撤退を即決したが、避難民を残してオランダ人部隊が先に撤退するのは人道的観点からむずかしいと判断し、ダッチバットに対し、任務地に留まり、避難民への最大支援を行うように指示を出した。

ところが、ダッチバット司令官、副司令官は、国連軍上層部と本国政府の指示をよそに、自分たちの保護下にある避難民を守ることをすでに放棄したような行動を取り続けた。

ムラディッチの要求を拒んだら、その場で自分たちにも危険が及ぶだけでなく、避難している女性や子どもたちも巻き添えになる。カレマンス司令官はそう考えたという。しかし、その言葉を裏返せば、自分たちの守る安全地帯でなにか起こるのは困るが、安全地帯以外のどこかに運んでいかれた人が、何百人、何千人と殺されようと、自分の関知するところではない。そんな、恐ろしく事務的な考えを暗示しているようにも聞こえる。

また、カレマンス司令官は、当時は選別された男性たちがどうなるのかは不明で、おそらく収容所へと移送されるのだろうと思ったとも、後日語った。しかし、それはあまりにもナイーブな言い訳で、「司令官はすでに処刑を予測する発言をしていた」と、部下たちによって否定されている。

その場にいたダッチバットにとっては、選別された男性避難民を追放すれば無事では済まないだろうということは、状況からみても明白だったはずだ。司令官とは対照的に率直な物言いをする部下のフランケン副司令官は、ＩＣＴＹの国際裁判で、

「彼ら（選別された大量の男性の避難民）は、きっと殺害されるか、それと同様のことが起こるのだろうと思った」

と、率直に証言をしている。

他方、ダッチバットに属さない者たちからは、もっと人間味のある感情の発露があった。

「未来になんの保証もない避難民たちが、絶望的な表情で自分たちを見つめ、自分たちが与えてあげられない助けを求めている姿を見ていると、目に涙がこみ上げてきた。何もしてあげられなくて、本当に申し訳なく思う」

ダッチバットとは別にスレブレニツァに派遣されていた、非武装の国連軍事監視員のチームは、男性避難民たちが大量に選別されていくのを、ポトチャリの基地でただ見つめているしかなかった時の心情を、このように報告している。

挫折した国連人道ミッション

ダッチバットの活動が残した無残な結果からは、国際平和のために派遣される国連軍そのものへの疑問が生まれてくる。

国連平和維持活動とは、一体、なんだろう。なんのためにあるのだろう。

そんな根本的なことさえわからなくなってくる。それほどまでに、この国連の安全地帯で起こった出来事の衝撃は大きすぎるのだ。それは、スレブレニツァの大虐殺が突きつける、私たちへの究極の問いかけだ。

先にも書いたように、ここでは普遍的な価値観や人間の心理を問いたいという意図に基づいて疑問を発している。したがって、国連平和維持活動のオペレーションに関する専門的な問題については、国連の「安全地帯」という概念や定義があいまいだったという議論が国連内でもあったことだけを、つけ加えておく。

ＵＮＰＲＯＦＯＲ、特にスレブレニツァのこの派遣部隊については、当事者の話やその後の検証から「守るべき平和がなかった」ミッションだったとも言われるようになった。

オランダ政府のダメージコントロール

オランダ政府は、自国のＵＮＰＲＯＦＯＲ部隊の無事の帰還を盛大に祝い、政府と軍上層部は事実の隠蔽を図った。しかし、スレブレニツァでなにが起こったか、その証言や証拠がメディアなどによって徐々に集められ、世間に明かされていく中、国内外からの批判を受けて、政府は一九九六年、自国の戦争資料研究所（ＮＩＯＤ）に調査を委託した。

だが、オランダ陸軍は多くの関連書類をすでに破棄していた。特に、ダッチバットⅠ、Ⅱ、Ⅲの任務に関する記録はまったく残っていなかった。スレブレニツァ陥落直前に生命を落としたダッチバット兵士の死に関する記録すら、残されていなかった。

二〇〇二年四月、ＮＩＯＤはようやく調査結果を公表し、四〇〇〇ページ近い報告書の中で、

「オランダ政府と軍指導部は、セルビア系武装勢力による殺戮から避難民を保護するのに失敗し、スレブレニツァの大虐殺について一部責任を負う」と結論づけた。内閣は総辞職。スレブレニツァでの失敗はオランダの恥だという世論が広がった。

☆☆☆

犠牲者追悼記念 共同墓地

ポトチャリのダッチバット基地跡地の道の向かいには、大虐殺の犠牲者のための共同記念墓地が広がっている。

デイトン合意で設置された上級代表が、犠牲者たちの墓地と追悼の場所をこの土地に造ることを、大虐殺から五年後に決定した。この地を選んだのは、多数の遺族の女性たちの意見を踏まえてのことだった。そして、二〇〇三年三月、六〇〇体の遺骨が、初めてこの墓地に埋葬された。それ以降、毎年、七月十一日に追悼記念行事がここで行われ

犠牲者追悼記念 共同墓地　7000 人近い犠牲者が埋葬されている

ている。

サラエヴォのギャラリーで見た、緑の布がかけられた棺が整然と並べられている写真は、その準備の際に写されたものだった。写真の中で、一つ一つに番号が振られた棺の数々が仮置場に置かれ、墓地に埋葬されるのをひっそりと待っていた。私は写真のほとんどが二〇〇二年に撮られたことに疑問を感じていたが、ようやくその理由がわかった。写真家は、翌年行われた最初の共同埋葬に向けた動きにレンズを向けたのだ。

二〇〇三年にはさらに一〇〇〇体の遺骨が埋葬された。以後は毎年七月十一日の大虐殺の追悼記念日に、新たに身元が判明した遺骨が共同埋葬されるようになった。遺骨発掘と身元確認作業は今も続いており、二〇一九年の記念日には新たに三三人の遺体が埋葬された。これまでに六六四三人の犠牲者の遺骨が埋葬されている。

戦争犯罪人を裁く法廷は戦争終結後に開かれるものというイメージがあるが、ボスニア・ヘルツェゴヴィナ内戦については、広がる戦争犯罪を食い止めるために、内戦が始まってから一年後にはＩＣＴＹがすでに始動していた。

一九九二年四月に内戦が勃発し、その夏に、欧米メディアがボスニア・ヘルツェゴヴィナにおける強制収容所の存在や捕虜の虐待に関するセンセーショナルな報道を行うと、一般市民への人権侵害について国際的な懸念がいっきに高まった。国際世論に押された国連は、一九九一年以降に旧ユーゴスラヴィアにおいて個人によって犯された国際人道法に対する重大な違反を問うための国際裁判所を設置する決議を、一九九三年五月、採択。オランダのハーグを本部とするＩＣＴＹが設置された。

ＩＣＴＹは、一九九五年七月にスレブレニツァで大虐殺が行われた可能性が報じられると、その証拠を捜索する作業を即座に開始した。そして、翌年末までには、集団処刑が実行された場所と、遺体が大量投棄された場所の九〇パーセント近くを、生存者らの証言から突き止めた。それに基づいて遺体の発掘が始められたが、証言からは数千の遺体が埋められているはずなのに、発見されたのは不完全な一部の遺骨ばかりで、総数にして五〇〇体にもならない。

遺棄されて集団で埋められた遺体は、証拠隠蔽を図るセルビア系武装勢力によってすでに別の場所に移動されていたのだ。ＩＣＴＹによって非人道的な蛮行をあばかれるのを恐れたセルビア系武装勢力幹部の指示で、埋められた遺体は大虐殺の翌月末までにはブルドーザーによって掘り起こされて、トラックで広範にわたる場所に移動され、散らばった遠隔の地に撒き散らされるように再び埋められた。

こうして遺体が隠された土地はすべてスルプスカ共和国の領土内だったので、ＩＣＴＹ

の捜査チームは、セルビア系権力からの様々な脅しや妨害を受けながら、危険な捜索作業を続けなければならなかった。フランス警察から派遣されたジャン＝ルネ・ルエズ主任捜査官率いるチームは、アメリカから提供された空中画像をもとに、大量の遺体が再埋葬された第二次の集団埋葬地を探し当てていった。

そして、見つかった再埋葬地での遺体の発掘作業が開始された。多くの犠牲者の身分証明書はセルビア系武装勢力が取り上げて燃やしてしまっていたので、主にＤＮＡ鑑定で身元を特定していく作業が始まったが、別々の場所で発掘されたバラバラな遺骨から同じＤＮＡが発見されることが相次いだ。ある時には、一人の犠牲者の遺体が五〇キロメートルにまたがる四か所の異なる場所から発見され、身元判明まで十三回のＤＮＡ鑑定が必要とされた。

二〇一八年六月の時点で、発見された第二次の集団埋葬地は九四か所。加えて、地上の三三七か所からも遺骨が見つかった。こうして発見された遺骨のうち、六九七三名の身元が判明している。

これらの作業は、戦争犯罪を立証するためのエヴィデンスを集めるという目的だけでなく、遺体の身元を判明し、待っている遺族に犠牲者の遺骨や遺品を戻すためのものでもあった。

「スレブレニツァ・ポトチャリ追悼地及び一九九五年大虐殺の犠牲者のための墓地」――正面入り口の大きなコンクリートに、ボスニア語と英語で記されている正式名を日本語にするとこうなる。

「なにかあれば頭にかぶるといい。敬意を示すために。なければかまわないけど」

Gさんにそう言われて、私は持っていたストールを頭に巻いて敷地内に入った。するとまず、その広さと、整然と立ち並ぶ、数え切れないほどの白い石碑の光景に圧倒された。約十二万平方メートルというから、武道館の敷地の約一〇倍ある。

入ってすぐの右手にある大きな石碑には、赤字で「8372…」と大きく書かれている。遺骨が発見されていない方々を含めた犠牲者の数とされている。

次に目を引かれるのは、中央エリアを取り囲むようにして円状に低く広がる石の壁。犠牲者の名前と生まれた年がアルファベット順に刻まれている。亡くなったのは全員、一九九五年なので、没年は刻まれていない。

同じファミリーネームがずらりと並んでいる壁を見ていくと、この人た

犠牲者追悼記念 共同墓地に広がる、犠牲者氏名が刻まれた石碑

ちは親子、この人たちは兄弟か……、と悲しい想像が頭に浮かぶ。あまりに多いのですべてを見ることはできなかったが、自分の目に止まっただけでも、最年長では一九一〇年生まれ。日本でいう数え年で当時、推定八五歳。年少では一九八〇年生まれ、推定十五歳の犠牲者。セルビア系武装勢力が連行していったのは十六歳から六五歳の男性とされているが、その年齢枠から大きく外れた人たちが数多く犠牲になっていた。それはあまりに不条理で、犠牲者とはなんのつながりがなくても、同じ人間として心が痛む。私は壁に刻まれた名前をたどっていくのが、ひどくつらくなった。

週末なので、お墓参りに来ている人たちがけっこういた。私は邪魔にならないように、墓石が立ち並ぶ墓地の中の歩道を、遠慮がちにうつむき加減で歩いていった。

シロツメクサやたんぽぽが生い茂る緑の草地にじかに白い墓碑が建てられていて、その地面の下には発掘された遺骨が埋められている。山あいの土地なので、奥に行くほどなだらかな坂になっている。その立体感が、墓碑の数の多さをさらに際立たせて見せていた。

緑の葉をたたえた一本の木の下に、形と色がちょっと違う墓石が一つ建っていた。立ち止まってよく見ると、大きな十字架の形が刻まれている。墓石には一九六〇年生と刻まれている。私はサラエヴォのジェノサイド博物館で展示されていたロザリオを思い出した。

欧米メディアが伝えたところによると、クロアチア系住民のルドルフ・フレンさんは、大虐殺から十五年後の二〇一〇年の追悼記念日に埋葬された。この日は他に、七七四人のムスリムの犠牲者が埋葬されたが、この共同埋葬が開始されてから初めて、カトリックの葬儀がルドルフさんのために執り行われた。

彼の母親は、「息子はムスリムの友人たちと一緒に生き、一緒に死んだのだから、友人たちと同じ場所に埋葬してあげたい」と望み、残された彼の妻と娘も同じ考えだった。

そのカトリックのお墓は、目立たないように隠されているのではなく、むしろ、多くの人に気づかれるように、墓地に広がる歩道近く、目につく場所にあって、そこに茂った木が目印になっている。イスラム教の墓地でカトリックの葬儀が行われるという異例の事態を、ムスリム系の遺族が心から受け入れて、ここに眠るクロアチア系の犠牲者を大切に思っていることが感じられる。

サラエヴォに展示されていた遺品のロザリオだけでは、カトリックの犠牲者の存在しか表していない。だが、このイスラム教の共同墓地で友人たちと一緒に眠っているルドルフさんの石碑の十字架は、イエス・キリストの説いた隣人愛を静かに物語っているようだ。ここでは、ヘルツェゴヴィナ地方のモスタルのように、ムスリム系勢力とクロアチア系勢力が戦ったのではない。ごく少数だがスレブレニツァに留まっていたクロアチア系住民は、ムスリム系住民とは運命をともにする同胞となり、ルドルフさんは処刑の道へと追い立てられた時に、ムスリム系の友らと一緒に留まった。ルドルフさんの魂が、友人たちとともに安らかでありますように。

最近、どなたかがお参りに来たのだろうか。十字架の石碑の前には、きれいな花束が置かれていた。

三〇分ほど共同墓地を回ってからそこを後にする前、私は万感の想いを込めて、死者の眠りのパノラマをしばらく見渡して追悼した。Gさんは、両手を軽く上に向けて祈っていた。

追悼記念ミュージアム

ポトチャリにある追悼記念の複合施設のうち、最も新しく、二〇一七年二月にオープンした追悼記念ミュージアムは、ダッチバットの司令本部として使われていたビルを一度

ポトチャリの旧UNPROFOR本部　再建されてミュージアムになっている

解体して、常設展示場として再建したものだ。

同じくスレブレニツァに関する展示物がある、第三章で紹介した博物館やギャラリーが民間人設立のプライベートな施設であるのに対し、この追悼記念ミュージアムは、上級代表の決定により設立された公的機関のスレブレニツァ・ポトチャリ追悼記念センターが管理している。公益のためのミュージアムなので入場無料だ。

展示物の内容は、ダッチバット、避難民の日常、デイトン和平合意、その後の多国籍軍活動、遺骨発掘作業、遺族の証言、追悼記念、戦争犯罪の国際裁判等々、多岐にわたり、ここではとても書き切ることができない。サラエヴォから日帰りの限られた時間ではすべてを十分に見て回ることができないので、私はその後、ボスニア・ヘルツェゴヴィナを再訪しては、ここを繰り返し訪れることになった。

時間が限られている見学者でも、写真パネルを見ていくだけで、スレブレニツァの大虐殺に関わるＵＮＰＲＯＦＯＲ幹

パリで開かれた和平協定調印式（1995）（展示パネルより）

部や諸外国の政治家の面々を知ることはできる。

国連の保護下に置かれたことを宣言するモリヨン将軍。NATOの空爆申請を却下し続けたジャンヴィエ総司令官。デイトン合意後、パリで開かれた和平協定調印式で協定文書にサインするイゼトベゴヴィッチ大統領、トゥジマン大統領、ミロシェヴィッチ大統領と、その後ろで立ち会う当時のクリントン米大統領、シラク仏大統領、メージャー英首相、コール独首相、ゴンサレス西首相、チェルノムイルジン露首相。スレブレニツァを守れなかった責任を問われるオランダのコック首相――

オランダ人部隊に関する展示

中には、私たち日本人がよく知る明石国連事務総長特別代表の写真もあった。明石氏は、一九九四年一月にノルウェー人前任者から引き継いでUNPROFORを指揮し、スレブレニツァの危機的状況についても対応を迫られた。

そして、ミロシェヴィッチ、カラジッチ、ムラディッチ。この面々はサラエヴォのジェノサイド博物館でも見かけており、今や戦犯容疑者トリオという感がある。

展示されている写真には、ポトチャリの国連軍基地に避難している人々の前に、ついに姿を

大虐殺開始前、オランダ軍駐屯地に押し寄せた避難民（展示パネルより）

現したムラディッチの悪魔的な行為のあるシーンが映し出されていた。ムラディッチは飢え乾く女性たちに飲み物の缶を手渡し、赤ちゃんを抱いた若い女性になだめるように話しかけ、部下に命じて子どもたちにお菓子を配らせ、安心させるように少年の頬を軽く叩いた。

これらはすべて、自分をよく見せるためのプロパガンダ用ヴィデオを取らせるためのお芝居だった。写真にはブルーヘルメットの兵士が一緒に写り込んでいるので、あたかもムラディッチがＵＮＰＲＯＦＯＲのオランダ人兵士と協力して避

ムラディッチと避難民を見守るブルーヘルメットの兵士ら（展示パネルより）

難民に対応しているように見える。

こうして避難民を安心させ、全員が安全にここから別の地に移動できるようにすると口約束したムラディッチは、その数時間後には、徴兵適応年齢の男性と少年の殺害を指示した。

ミュージアム内は、テーマごとに、時系列的に整理されており、その時、何が起こったのか、スレブレニツァの人たちの視点から描かれているのが大変興味深い。

「大虐殺のタイムライン」の項にも出てくるダッチバット副司令官のその真意を問われるような言動は、展示パネルの解説の中にいくつもあった。「一二三九人のリスト」のコピーも展示されている。

オランダ人部隊 カレマンス司令官

しかし、私が一番衝撃を受けたのは、たまたま目にしたダッチバットのカレマンス司令官（当時四六歳）のヴィデオだった。

ミュージアムには、数々の展示パネルと一緒にヴィデオ再生装置が備えられていて、当時のヴィデオを音声とともに視聴できるようになっている。そのヴィデオは常に流されているのか、部屋の展示を見ている私の目に自然と入ってきた。

軍服姿の数人が映っていて、ムラディッチの前で、叱られた子どものように下を向いて立っている人がいる。

「俺たちを襲えと、NATOの空爆を指示したのか！」

声を荒げて詰問するムラディッチに対し、その人は、いや、それは自分の決定ではない、ニューヨークが決めた、サラエヴォが決めた、と弱々しく言い訳を繰り返す。通訳を介して英語で話しているのだが、

「もし発言させて頂けるのであれば、……」

と、相手に対してへりくだる際に使う定番の英語表現を、その人は、ムラディッチに答える時に必ず使うのだ。

「お前はオレに向けて攻撃したな！」

ムラディッチに重ねて恫喝されると、

「アイム　ソーリー」

と謝った。まるで狼ににらまれた子羊だ。

「弱いだろ、これが国連軍司令官なんて信じられるか？」

ムラディッチ（左手前）とカレマンス司令官（右奥）との会談（展示ヴィデオより）

あっけにとられて見ている私に、近づいてきたGさんが言った。

「この人が、司令官？　国連軍の？」

「そうだよ、オランダ人司令官だ。それに比べてムラディッチは強い。まさしく軍人の口調だ。国連の司令官はおびえてるじゃないか。情けない」

Gさんを疑うわけではないが、私は、この臆病そうな人が本当に国連オランダ人部隊の司令官だとは、とても思えなかった。

軍服は着ているけれど、地元住民代表かなにかでは？

いぶかしく思いながら再びヴィデオ画面に注目すると、画面が切り替わり、その弱々しい子羊のような人物が、唐突に言った。

「私はピアノ弾きなのです。どうぞ、ピアノ弾きを撃たないでください」

そういう司令官の口調は、さきほどと打って変わってやけになめらかだ。それを聞いたムラディッチが、あきれたように言葉を投げ捨てた。

「お前はひどいピアノ弾きだ。とんでもないピアノ弾きだ！」

私は頭がこんがらがってしまい、この人はピアノ演奏が本職で、国連軍には出向でもしているのかと、本気で思ってしまった。ピアノを弾いているほうが、よっぽどふさわしい感じなのだ。

ヴィデオはここで終わっていたが、私はまだ信じられず、あちこちの部屋を探して司令官の顔写真を見つけ、そのアップの写真をしげしげとながめて確認してみたのだが、どうやら、ヴィデオに映っていた人と同一人物らしい。それでも納得がいかないので帰国後に調べてみると、会談の一部始終をインターネット上で見ることができた。自称ピアノ弾きの人物が、ポトチャリに駐屯していたオランダ人部隊のトップであることは、疑いもない事実だった。しかし、その振舞いは、実に驚きの連続だった。

会談の初めに、ムラディッチに勧められ、恐縮しながらタバコを受け取って吸ったと思えば、会談の途中で「オランダ人兵士たちは皆、家に帰りたがっています」と弱音を吐き、会談の終わりに「長生きしようぜ！」と音頭を取るムラディッチと一緒に乾杯し、別れる前には、お愛想笑いを浮かべて、「会ってくださってありがとうございます」と、ムラディッチにお礼を言った。

その司令官は、まるでムラディッチの従順な部下でもあるかのような振る舞いで、これでは対等な関係の会談ではまったくない。そもそも、会談を招集したのはムラディッチで、数キロ離れた地元のホテルに、ダッチバット司令官は呼びつけられたのだ。そのホテルには、数日前に人質として捕らえられた兵士たちが拘束されていたのだが、司令官は同じ建物内にいる部下の兵士の解放を強く要求することはなく、「兵士たちに良くしてくださって有難うございます」と、感謝の言葉を述べていた。それが凶暴な相手の怒りをかわす懐柔策なのだとしても、あまりに威厳に欠けているように映る。

私はオランダとなんのつながりもないし、先入観もない。しかし、失礼を承知で言えば、この司令部はひどいと思わざるを得なかった。司令官、副司令官ともに、極めて厳しい状況に置かれて尋常ならぬプレッシャーの下にあったことは理解できるし、それぞれの信条や事情があり、並々ならぬ葛藤もあったとは思うが、それでも、両者のメンタリティはひどく不可解だ。

一般化した話として、勇気を欠く者と愛を欠く者がツートップを務める司令部とは、なんと恐ろしいことだろう。そんな司令部が指揮する国連軍は、派遣された地域にとって厄災になりかねない。

そして、事実、そうなったのだ。


「英国軍が派遣されていたら、絶対こんなことにはならなかった」

追悼ミュージアムでヴィデオを見ていた私に向かって、Gさんは怒ったように言った。

彼が知っていてそう言ったのかどうかはわからないが、事実、カナダがスレブレニツァから部隊撤収を決定する中、国連は、後任の候補として、他地域に駐屯している英国人部隊を一時的にでもスレブレニツァに派遣するよう英国に要請し、英国も協力する意向を示したという。しかし、英国軍は重装備すぎると、セルビア系上層部が同意せず、実現しなかった。

「アメリカ軍だったら、違っていたかもしれないですね」

英国軍のことはよく知らないので、私はそんなふうに言葉を返した。少なくともアメリカ軍のタフな軍人だったら、ムラディッチに声を荒らげられて、はい、恐れ入りました、と弱気に振る舞うことはないのでは、と、イメージ的に勝手に想像した。

実際のところは、アメリカはＵＮＰＲＯＦＯＲに地上部隊を派遣していなかった。アメリカは同時期、国連承認の下に展開していたソマリアでのアメリカ主導の多国籍軍（ＵＮＩＴＡＦ）とそれに続く国連平和維持軍（ＵＮＯＳＯＭⅡ）に大量の地上軍を投入していたが、ＵＮＯＳＯＭⅡで活動中のヘリコプターが撃墜され、特殊部隊の十八人が死亡した上に、米兵の遺体をモガディシュの住民が引きずり回すシーンがテレビで放映されるという事件が起きた。そのショッキングな映像に高まる国内からの批判的世論を受けて、クリントン大統領は一九九三年一〇月、ソマリアからのアメリカ軍の撤退を表明し、一九九四年三月に撤退は完了。こうしたことから、新たに国連の活動に地上部隊を出すのはむずかしい状況だった。

私はサラエヴォのフランス人部隊のことも思った。スレブレニツァの出来事から約一か月前、セルビア系武装勢力地区とムスリム系地区を分けるミリャツカ川沿いの監視ポイントから、十数人の兵士を人質に取られたフランス人部隊は、地上部隊を組んでセルビア系武装勢力に対して猛烈な反撃を行い、死傷者を出しながらも監視ポイントを奪還したのだ。

では、もし日本の自衛隊が派遣されていたら、どうだっただろう？
私はそんなことも想像したが、頭の中には、なんのイメージも湧いてこなかった。

生と死のストーリー

追悼ミュージアムでは、スレブレニツァの国連軍について多くのことを考えさせられるが、心に深く残るのは、やはり、スレブレニツァの人々の姿だ。ある部屋には、この人たちがどのように生きたかを伝える、ライフストーリーの数々があふれ、別の部屋には、生きてトゥズラに到着した人々の様々なドラマの記録があった。

地獄の行進を生き延びた男性とトゥズラで奇跡的な再会を遂げた家族が忍び泣く大きな写真と一緒に展示されていたのは、その難民キャンプ近くの森で、ひっそりと命を絶った女性の写真。

私は、写し出された出来事をすぐに理解したあとは、あまりの痛ましさに目をそらした。キャプションには、女性の名前と、難民キャンプの近くで亡くなったこと以外、説明はない。

「彼女はなぜ、自殺を？」

「夫と引き離されて絶望して首をつった。もう耐えられなかったんだ」

この写真は、当時、シンボリックな写真として新聞に大きく掲載されたらしく、Gさんは経緯《いきさつ》を知っていた。私はそれを一瞬しか見なかったのに、森の緑に女性の赤いカーディガンのコントラストの残像が長く頭の中に残った。

魂の叫び声

もう一つ、大きな衝撃を受けたヴィデオがあった。

男性の大きな叫び声が繰り返し聞こえてくるので、なんだろうと思って行ってみると、流れている画面の中で、緑の草原に立ったやせ細った中年の男性が、大声で正面の山に向かって叫んでいる。

解説パネルによると、その男性は、トゥズラに向かう列の中からセルビア系武装勢力に捕らえられた一人だった。捕らえられた後、息子を投降させるようにセルビア系武装勢力から強いられて、大声で息子の名前を呼んでいるのだ。

「ネルミネー、こっちへ来ーい！　父さんはここだー、　安心しろぉ」

一旦、叫ぶのを止めても、セルビア系兵士が強要して繰り返させる。

「父さんはセルビア人と一緒だぁ！　出てこーい！　心配するなぁ、ネルミネー！」

捕らえられ、息子の名を叫ぶ父（展示ヴィデオより）

父親は、声が届くようにと両手を口にあてて、叫び続けた。その声に混ざって、バックグラウンドから銃声が聞こえてきて、見ている私をビクッとさせた。

彼には二人の息子がいたが、十七歳の次男は、スレブレニツァ陥落前の七月六日、セルビア系武装勢力の最初の攻撃で命を落としていた。今、叫んでいるのは一緒にトゥズラへ向かった十八歳の長男の名前だ。

その人の後ろには、一緒に捕らえられて地面に座らせられている男性たちが映っていて、少し離れた背後には、大きな鉄砲を肩に担いで見張っているセルビア系武装勢力の兵士の姿がある。セルビア系武装勢力は、自分たちの様々な虐殺行為をヴィデオで撮影しており、このヴィデオは隊列がスレブレニツァを出発した二日後の七月十三日に撮影されたものだ。草原は黄緑に美しく輝いているのに、明るい光の中に死が待っている。

自分は捕まってしまって殺されるのは間違いない。でも、たった一人残った息子には生き残ってほしい。

父親は、心の中では強くそう願っているに違いない。それなのに、安全だと嘘をつかされ、自分と一緒に殺されるために姿を現せと、文字通り、死力を尽くして叫ぶことを強要されているのだ。

なんという残酷さ。なんという苦しみだろう。

この人が受けているのは、魂の拷問だ。

どんなにつらかっただろうか。叫ぶ声を聞きながら、この父親の心情を察すると涙がこみ上げてきた。そして、この男性の絶望の色を帯びた叫びが、その後、私の耳から離れなくなった。

彼はただの善良な村人で、武器も持っていない。二日間、山奥を歩いたあとで、来ているTシャツはよれよれだ。殺されなければならない理由など、何もない。息子を一緒に殺される理由もない。

ヴィデオはこのシーンだけで終わる短いものだったが、そのヴィデオを流すためだけに、小部屋が用意されていた。あとから知ったことには、このヴィデオは発見されてから多くの人によって見られ、悲痛な叫びを繰り返す父親、ラモ・オスマノヴィッチさんの姿は、スレブレニツァの父親の悲しみの象徴となったという。

小部屋の解説には、「息子が父親の声を聞いて姿を現したかどうかは不明だが、いずれにせよ、二人とも処刑された」と書かれていた。

ラモさんの妻、サリハさんの人生も過酷だった。多くの女性がそうしたように、サリハさんも、隊列に加わった夫と息子とは別にポトチャリに避難した。その後、他の女性たちとバスで移送されて生き残ったが、一緒に避難した義理の父は、セルビア系兵士たちに基地近くの小屋へ連れられていき、殺害されてしまった。

「戦争前は夫がいて、息子たちがいて、一番幸せな時でした。夫は家族を養うために、ユーゴスラヴィアのあちこちで建設の仕事をしていました。二人の息子は学校に通っていて、私は家事や畑の仕事をしていました。私たちの暮らしは豊かでした。自宅は大きな三階建ての家で、牛やにわとりを飼い、畑を耕すトラクターもありました」

そうした幸せな生活が内戦勃発で一変し、すべてが失われてしまった。未亡人となったラモさんの妻は、二〇〇〇年、ＩＣＴＹへ提出する調書に、そのように証言した。

ヴィデオに撮られたのを最後に行方不明となっていた父と息子は、二〇〇八年に別々の大量死体遺棄現場で発見された。セルビア系武装勢力にあの映像が撮られてから十三年もの歳月を経て、一人残されて待ち続けたサリハさんは、ようやく夫と息子の行方を知り、供養することができたのだ。

二〇一三年にはＩＣＴＹに実際に出廷し、ムラディッチに対する裁判で証言した。そうする前に、ＩＣＴＹは彼女に匿名での証言も可能だと伝えた。

「彼らは私の夫と二人の子どもを殺して、私は今、一人ぼっちです。私は、孫を持つこともできない。でも、私は何も恐れません。もう何も残っていないのだから」

失うものはすべて失った。だからもう何も怖くない。犯罪者たちを恐れたりはしない。サリハさんはそう言って匿名証言を断って、実名で証言した。

心の傷は痛み続ける。スレブレニツァの悪夢の記憶が消えることはない。でも、自分は下を向いたりしない。彼女は犠牲になった家族のために、今も戦い続けている。

スレブレニツァの大虐殺 ―― 国際社会の失敗

それにしても、これらのヴィデオや写真は、一体、誰から提供されたのだろう。私はミュージアム内を回りながら考えていた。ムラディッチと国連軍司令官の会談のヴィデオはムラディッチ側が撮影したものに違いないし、息子の名前を叫ぶ父親のヴィデオにしても、セルビア系武装勢力が撮ったものだ。セルビア系の兵士か民兵、あるいは警察による攻撃の様子を写した写真もたくさんある。

ミュージアム内の壁には、ＢＢＣとオランダの報道機関、そしてカメラマンや報道関係者と思われる個人名を挙げて謝辞が掲示されていたので、こうしたところが協力したのだろう。ダッチバット関連のものは、オランダ政府や公的機関から提供されたもののほか、駐屯した元ダッチバット兵士も協力したそうだ。

そして意外なことに、というべきか、スレブレニツァを襲った人道危機と国連軍の対応を、いろいろな角度から紹介しているこのミュージアムは、オランダによって設立されたものだ。財政拠出だけでなく、展示品全般についてはオランダのヴェステルボルク収容所追悼記念センターが担当し、同国の平和団体の協力を得て完成させた。

内戦後、オランダ政府は、スレブレニツァへの多額の支援を行っている。ミュージアム内にはオランダの内戦後のスレブレニツァに対する貢献を紹介するパネルもあり、それによると、オランダ政府は内戦後、スレブレニツァからの避難民のための大規模な住宅プログラム、遺骨の発掘やDNA鑑定、ポトチャリの共同墓地開設などを支援し、国連のスレブレニツァ地域再生プログラムの最大ドナー国となっているという。

スレブレニツァの生存者との連帯にも努めていて、スレブレニツァからオランダに移住を希望する難民申請者のほぼ全員が、難民認定されているとも解説されていた。私はそれを読んで少々シニカルになり、オランダに移住を希望する遺族がどれだけいたのだろうかと知りたくなった。オランダ政府の貢献だけが宣伝されていることには、若干、押しつけがましい印象を受けないこともないが、展示内容全体としては、オランダ人部隊の恥の部分も含めてそのまま直視しようという姿勢が見られ、全体的なバランスへの配慮は感じられた。

このミュージアムは常時オープンしているわけではなく、団体客の訪問がある時や見学希望者から事前連絡を受けた時のみ開いている。私がGさんの運転で訪れた時には、先に来ていた団体客のためにオープンしていて、私たちはそれに便乗する形で展示物を見学することができた。実はその際、変な裏口から入ってしまった私たちは、最後になってようやく正面入口にたどり着いた。そこから外に出てミュージアムを振り返ると、

Srebrenica genocide -
the failure of the international community

と書かれた大きな看板があった。

「スレブレニツァの大虐殺 — 国際社会の失敗」

それが、このミュージアムの正式名だ。国連安全地帯のスレ

「スレブレニツァの大虐殺 — 国際社会の失敗」

ミュージアム前の母子像

ブレニツァの保護というミッションは完全な失敗に終わった、という敗北宣言が、この建物の入り口でされている。

そういえば、Gさんが展示物を見ながら、モスタルやサラエヴォでお世話になった人たちと同じようなことを言っていた。

「国連もNATOも、動くのが遅すぎた。ムスリム人なんて、どうでもよかったんだ」

そういう感情は、あの民族紛争を体験した人々の間では、今も渦巻いているのだろう。

正面前の芝生には、避難民の女性と子どもの像があった。女性の一人は全身で苦悩の叫びを上げ、もう一人は全身で悲嘆にくれている。その足元には、小さな子どもが両手を目にあてて泣いている。そしてその像がもう一つ表現しているものがあった。それは、スレブレニツァから消し去られてしまった存在——男性の不在だった。

メモリアルルーム

共同墓地から道路を隔てた向かい側の空き地の奥には、ダッチバットの基地の施設だった古びた大きな四角い建物が並んでいる。それらは、以前は自動車のバッテリー工場のウェアハウスだった。内戦前、スレブレニツァにはこうした工場がいくつかあって、ここで働いていた地元の人も多かったという。

巨大なウェアハウスは、二〇〇七年、追悼のためのメモリアルルームに生まれ変わった。追悼記念ミュージアムができる前は、ここがメインの展示会場だった。中に入ってみると、基地として使われていた当時のままにされていると思われる、痛んだ壁にモノクロの大きなパネルがあり、ボスニア語と英語が書かれている。

スレブレニツァ、「UN《国連》 SAFE《安全》 ZONE《地帯》」
1995-2015
エキシビション

「国連安全地帯」と書かれているのに、私はそれを「UNSAFE　ZONE」――安全でない地帯――と読んでから、自分の間違いに気づいた。国連をUnited Nationsと書かずにUNと省略されていたので読み間違えてしまったのだが、もしかしたら、わざとこのように書かれているのだろうか、と深読みもしてしまう。

ドアのない扉を入ると、その向こうには空虚感を漂わせた巨大な空間があった。さびた支柱や屋根の骨組みがむき出しになっていて、ところどころに、なにかの古い機械が放置されたままになっている。そのがらんどうの倉庫の四方の壁に、たくさんのパネルが展示されていた。

虐殺の出来事をたどる様々なカラー写真のパネルや、オランダ人兵士が書いた数々の落書きを収めたパネル。天井からの照明はなく、大きな窓から差し込む外からの光を頼りに見ていくと、

オランダ人兵士の落書き（メモリアルルームの展示より）

「UN　ユナイテッド　ナッシング」

そんな落書きがあった。これを描いたオランダ人兵士は、その後の危機的状況で自分たちが取った行動を予見したのだろうか。それとも、大虐殺の後で自虐的な思いで描いたのだろうか。

そしてミュージアムに展示されていたあの写真。トゥズラの森ではかなく命を絶った赤いカーディガンの女性の姿をもっと拡大した、とても大きなパネルが、ウェアハウスの一番奥の壁にかかっている。

助けを求める女性を避けるオランダ人兵士（メモリアルルームの展示より）

その前を伏し目がちに通り過ぎ、大きな体育館のようなスペースを壁に沿って歩いていくと、半周を過ぎたあたりの壁に、遺品の写真がいくつも飾られていた。

メガネ、クシ、家族の写真、イスラム教の祈りの道具、懐中時計、鍵、歯ブラシ、ひげ剃り、小銭……

どれも集団埋葬地から遺留品として見つかった後、丁寧に汚れが落とされ、蘇生の努力が施されている。私は見ているうちに、子どもたちの所持品が飾られていたサラエヴォのミュージアムを思い出した。ただ、子どもたちがずっと大切に持っていた品とは違って、これらは一度、死者とともに埋

掘り起こされた遺品　SEIKOの時計（メモリアルルームの展示より）

められた遺留品だ。写真には、死の通過儀礼を経てこの世に返ってきた、抜け殻のようなはかなさまでもが一緒に写し出されている。

その中で、私の目を特に引いた写真が一つあった。白い文字盤に、見慣れたＳＥＩＫＯの文字が見える。シルバーメタルのアナログの腕時計で、土の中に埋まっていたとは思えないほどピカピカで傷みもない。

時計の針は五時十一分を指していた。日付機能がついていて、赤字の「ＳＵＮ」は日曜日、日付は十二日と表示されていた。この日付が気になってあとから調べてみたが、悲劇の始まりの一九九五年七月十一日は火曜日だったから、時計が示しているのはその翌日の十二日ではない。次に十二日が日曜日になるのは十一月だ。そうすると、時計は四か月間、地面の底でチクタクと孤独な音を立てて時を刻んでいたのだろうか。

文献資料によると、集団埋葬地の発掘作業中に、こうしたセイコーの腕時計がたくさん見つかったそうだ。それらは鑑識によって、特に、死亡時刻の推測のために調べられ、セイコーの英国オフィスの専門家が鑑識に協力したという。

私にとっては、そうした鑑識的な価値よりも、日本のメーカーの時計が遠く離れたボスニア・ヘルツェゴヴィナのスレブレニツァという田舎町で、人々に人気があって愛用されていたということに、しんみりと感じ入るものがあった。

迫る危険に追い立てられて必死に逃げた時も、政府からも国連軍からも見捨てられて大虐殺の犠牲となった時にも、その人々の腕にはその日本の時計がつけられていた。ところが、私たちはそんなことを知らずにいて、当時のことをニュースで見聞きしていた日本人と、スレブレニツァで起こったこととの間には、かなりの心理的な距離感があったのではないだろうか。そして、それは今でも同様なのではないかと思うのだ。

このセイコーの腕時計の写真は、私にとっては、スレブレニツァの犠牲者の方々と日本人である自分との距離をぐっと縮めてくれる一枚となった。

最後に目に入ってきたのは、ＩＣＴＹによって、スレブレニツァの大虐殺について戦争犯罪を問われた十七人の容疑者の顔写真のパネル

戦争犯罪被告人 左よりミロシェヴィッチ元セルビア大統領、カラジッチ、ムラディッチ（メモリアルルームの展示より）

だ。顔写真の横に名前と罪状が書かれ、有罪判決が確定した者には、「有罪」のラベルが付けられている。容疑者の一人、ミロシェヴィッチ元セルビア大統領は無罪を主張し、判決が出る以前の二〇〇六年三月、勾留中に病死したため刑は確定せず、有罪ラベルは貼られていないままだ。

ＩＣＴＹを継承したハーグの国際刑事法廷メカニズム（ＭＩＣＴ）は、二〇一九年三月、ＩＣＴＹの一審で禁錮四〇年の有罪判決を受けていたカラジッチ（七三歳）に対し、より重い終身刑を言い渡した。これで、内戦当時のセルビア系最高責任者の刑が確定した。ムラディッチの裁判は、現在、まだ控訴審のプロセスにある。

伝えられているところによると、このうち七名がすでに釈放されて、国内外で暮らしているという。

☆☆☆☆

ダッチバット基地跡を後にしたのは午後二時半過ぎ。これからまた三時間以上かけて山道を通り抜けて帰ることを考えると、まだ午後の早い時間とはいえタイムリミットなのだろう。

私たちは朝早くからこれまで一度も休憩を取っていなかったので、帰りがけに遅いランチを取ることにした。私は追悼記念施設での様々な悲しい記憶が残っていて食欲はまったくなかったが、せっかくなので、スレブレニツァ地域のどこかに寄って様子を見てみるのもよいと思った。地元の人たちに触れる機会がまだなかったのだ。基地跡周辺には店などはないので、行きとは反対の方向に車を少し走らせると、まもなく、目の前の交差点の先に商店街が広がっていた。今日、初めて見る、にぎやかな町の通りだ。

「ここをまっすぐ行けば、レストランかなにか、ありそうですね」

私はそう言ってみたが、Gさんは私の言葉を無視して左に曲がってしまった。

「いや、まっすぐ行かないと。そっちに行ったらお店、なくなってしまうと思うけど」

私は戻るように何度か頼んだのだが、彼はもっと先に行ってから休むと言い張るのだ。そして車はどんどんと商店街から遠ざかって、道端にはもう、何もなくなってしまった。結局、私の予想通り、その後はレストランもカフェもなく、車は延々と山道を走り、どこにも立ち寄らずにサラエヴォに戻ることになってしまった。

Gさんはきちんとしていて良い人だったが、本職のガイドでないせいか、行きに道に迷ったことも含めて手際の悪さが少々感じられることもあった。ただ、後から地図で確認して理解したことには、あのにぎやかな商店街あたりは、ムラディッチが拠点としたブラトゥナツの町だったのだ。

そこは、セルビア系武装勢力がオランダ人兵士の人質を拘束し、ムラディッチがカレマンス司令官と会談したホテルがあった場所で、そしてなにより、ダッチバット基地から移送された何千人ものムスリム人男性と少年が、最初に収容された場所だった。スレブレニツァを訪れたのは一〇年ぶりでも、Gさんはその町のことを覚えていたので行こうとしなかったのだろう。そんないわくつきの町に行きたくはないだろうし、ボシュニャク人は今でも、セルビア系で占められる町の人たちから歓迎はされないのだろう、と察しがつく。理由がわかれば、私の言葉を無視し続けたGさんに対して、その場で抱いた少々のわだかまりは消えてしまった。

サラエヴォは連邦の領土になったが、スレブレニツァは周辺地域の飛び地も含めて、すべてスルプスカ共和国のものになってしまった。その違いの意味、その違いの大きさを、私はこのことで少しわかったような気がした。

第五章

平和のレッスン

――ボスニア・ヘルツェゴヴィナ内戦が日本に問いかけるもの――

内戦終結から世紀が変わっても、ボスニア・ヘルツェゴヴィナの平和と安定は、今も続く国際社会の関与によって守られている。

国連保護軍ＵＮＰＲＯＦＯＲが終戦で任務を終了すると、平和を守る任務は、終結後の平和履行のために結成されたＮＡＴＯ軍中心の多国籍軍である大規模部隊ＩＦＯＲへ、さらに平和安定化のための部隊ＳＦＯＲへと活動が引き継がれ、二〇〇四年からは欧州連合部隊のＥＵＦＯＲが、現在まで責務を負っている。軍の構成は変わっているが、これらはいずれも国連憲章第七章に基づいた集団安全保障体制だ。

ボスニア・ヘルツェゴヴィナ内戦について、日本にとって最も身近な問題であり、最大の課題でもあるのが、こうした国際的な集団安全保障体制の中での日本の役割、特に国連の平和維持活動、いわゆるＰＫＯに関わることだろう。

UNPROFOR

国連の平和維持活動は、その歴史が刻まれる中で、世代によって分けられて考えられるようになっている。停戦の監視を行った初期の活動は第一世代、その伝統的活動から拡大して、停戦状態から平和を維持し、安定した環境を作り出すための大規模な活動を、文民要員派遣も加えて行うようになったのが第二世代（平和維持）、さらに積極的に平和を確保するために、紛争への介入も行うようになった第三世代（平和強制）、そして、当事国に平和が定着するための支援を、多角的パートナーシップによって広範囲の分野にわたって行う第四世代、という分類がこれまでにされている。

国連保護軍ＵＮＰＲＯＦＯＲは当初は第二世代とされていたが、第三世代の概念が生まれると、そちらに分類されることが多くなった。第二世代の活動から始まって、第三世代へと移ったと考えるのが適当かもしれない。いずれにしても、このＵＮＰＲＯＦＯＲ、特にスレブレニツァでのミッションは、日本の国連平和維持活動にとり、いろいろな意味で参考になる事例だ。

再度簡略にまとめると、ＵＮＰＲＯＦＯＲは、ボスニア・ヘルツェゴヴィナに先駆けて独立したクロアチアで勃発した紛争への対応として、一九九二年二月に同国に派遣された国連保護軍で、ボスニア・ヘルツェゴヴィナで内戦が勃発すると、停戦をもたらす平和的環境を作り出すために、ボスニア・ヘルツェゴヴィナにも拡大展開した。その後、マケドニアと当時のユーゴスラヴィア連邦共和国（セルビア・モンテネグロ）にも小規模配備された。

ボスニア・ヘルツェゴヴィナにおけるＵＮＰＲＯＦＯＲの具体的な任務は、サラエヴォ空港の安全確保、ボスニア・ヘルツェゴヴィナ各地への人道支援物資の輸送警護、避難民の移送警護、武装解除、国境周辺の監視、国連指定の安全地帯の保護などだった。

このＵＮＰＲＯＦＯＲは、それまでの国連平和維持活動の中でも大規模な部類に入る。発表されている数値では、ＵＮＰＲＯＦＯＲ全体でかかった費用は、推定で支出純額約四六億ドル超とされている。

かかった人的資源としては、国連安全保障理事会に出された国連事務総長の報告書資料によると、一九九五年三月時点でＵＮＰＲＯＦＯＲの軍事要員は三万八五九九名で、三九か国から派遣された。これには、国連軍事監視要員六八四名が含まれる。文民要員の内訳は、文民警察官八〇三名、その他の国際民生スタッフ二〇一七名、現地スタッフ二六一五名。初代総司令官を務めたのは、インド人将軍だった。

人員派遣をした国は、アルゼンチン、バングラデッシュ、ベルギー、ブラジル、カナダ、コロンビア、チェコ、デンマーク、エジプト、エストニア、フィンランド、フランス、ガーナ、インドネシア、アイルランド、ヨルダン、ケニヤ、リトアニア、マレーシア、ネパール、オランダ、ニュージーランド、ナイジェリア、ノルウェー、パキスタン、ポーランド、ポルトガル、ロシア、セネガル、スロヴァキア、スペイン、スウェーデン、スイス、チュニジア、トルコ、ウクライナ、英国、アメリカ、ヴェネズエラ。同資料のリストには載っていないが、ルクセンブルグもベルギーとの混合部隊として参加した。

最大数の兵力を派遣したのはフランスで約四七〇〇名、続いてヨルダンが約三四〇〇名、英国約三三〇〇名、パキスタン約三〇〇〇名、カナダ約二一〇〇名、オランダ約一七〇〇名、マレーシア約一六〇〇名、トルコ約一五〇〇名、スペイン約一四〇〇名、ロシア約一三〇〇名が上位一〇か国だ。

国連のオープンデータによると、最終的な殉職者数は二一三名で、その内訳は、兵員一九八名、国連軍事監視要員六名、文民警察官、国際民生スタッフ、国内スタッフがそれぞれ三名だった。

国別の殉職者数は、フランス四八名、英国二五名、スペイン十五名、ウクライナ十四名、ロシア十三名、カナダ十一名、パキスタン八名、オランダ七名、デンマーク、ポーランド各六名、アルゼンチン、ヨルダン、ナイジェリア、ノルウェー各五名、チェコ、ケニヤ、スウェーデン各四名、ベルギー、マレーシア、ネパール、トルコ各三名、バングラデシュ、エジプト、ポルトガル、スロヴァキア各二名、ボスニア・ヘルツェゴヴィナ、クロアチア、フィンランド、ギニアビサウ、アイルランド、インドネシア、セネガル各一名、国籍不明者一名。

死亡原因は、流弾や友軍誤射による被弾、道路上での事故を含む「アクシデント」が一〇〇名、外部からの攻撃やテロといった「意図的な悪意の行為」が七四名、「病気」が二七名、「その他」が十二名だった。

UNPROFORの二一三名という死亡者数は、これまでのところ、国連の平和維持ミッションの中で四番目に多い。フランスの四八名という殉職者数は、フランスがそれまで参加したミッションの中で最大数となった。二〇一九年七月末時点において、他のミッションに参加した国でそれ以上または同様の犠牲者を出したのは、初期に始まった活動が多く、英国六〇名（一九六四年から現在も続くキプロス平和維持軍）、ガーナ四九名（一九六〇年のコンゴ動乱時に展開した国連コンゴ活動）、アイルランド四七名（一九七八年から現在も続くレバノン暫定軍）があげられる。比較的新しいミッションでは、二〇一三年から現在も続くマリ多面的統合安定化ミッションにおいて、チャドが六三名の犠牲者を出している。

スレブレニツァの教訓

スレブレニツァの大虐殺という、現代ヨーロッパで起きた暗黒の出来事の全体について考察しようとすれば、別に何冊もの本を書かなければならない。これまでに、国連平和維持活動の失敗として多くの考察や検証がされてきたが、それでもなお、議論され尽くされていないことは多い。

スレブレニツァの人道危機が起こった原因については、国連による派遣自体に問題があったことは明白だった。強力な旧ユーゴ軍を引き継いだセルビア系武装勢力に対抗するだけの重装備の軍隊派遣が必要だったのに、中規模で軽武装のオランダ部隊が派遣されたのがそもそも間違いだった。加えて、「国連安全地帯」という定義や扱いの妥当性についても議論がされた。

スレブレニツァの国連軍に与えられた役割と権限が曖昧だった、という指摘もある。さらに、悪化する状況に対応できるように迅速にマンデートを変更し、より明確に条件を決めて武器の使用を可能にするなどの調整が必要だったのに、国連事務総長がそうした措置を適切に講じなかったという批判もある。いずれにせよ、あいまいな任務と権限、そして、国連、政府、軍などの上層部の認識と実際の危機の現場とのギャップが、国連平和維持活動にとって致命的になることを、スレブレニツァの事例は示している。

その中で、ここでは日本にとって特に重要と思われる教訓に絞って取り上げたい。

◆派遣元政府の責任

スレブレニツァの大虐殺については、カラジッチ、ムラディッチをはじめ、大虐殺に加担したとされるセルビア系勢力上層部がハーグのＩＣＴＹの法廷で裁かれている。

他方、ＵＮＰＲＯＦＯＲにオランダ軍部隊を派遣したオランダ政府も、様々な裁判でその責任が問われている。日本が注目すべきは、こうした派遣元政府の法的責任を問う動きだ。

一つの裁判としては、スレブレニツァの章で触れたが、ムラディッチとの交渉に参加した地元住民代表の男性のうちの一人が、オランダ人司令部によって、妻と次男とともにポトチャリのオランダ人部隊の施設内から退去させられて、殺害されたことに対して起こされた裁判だ。その家族の長男は、当時、スレブレニツァの国連軍事監視団の通訳として雇われ、ダッチバットの通訳も務めていたが、一緒に施設内に避難した家族の中で唯一、施設内に残ることを許されて生き残った。その残された長男が、二〇〇三年にオランダ政府を訴えたのだ。軍施設内で働いていた地元の電気技師の男性が同様に退去させられて殺害されており、その遺族と共同で、オランダ国内で民事裁判を起こしたのだ。

総辞職して責任を認めたはずの政府側の弁護士は、「施設内からは一人の人間も退去させられなかった」と主張し、スレブレニツァの遺族たちを憤慨させた。オランダ政府は、派遣された部隊は国連の指揮下にあり、国に責任はないと主張したが、一〇年の時を経て、二〇一三年、オランダの最高裁はこれらの避難民の死に対するオランダ政府の責任を認める判決を出した。

スレブレニツァ陥落後、オランダ政府はオランダ人部隊基地に集まっていた避難民の退避について、国連との協議と平行してオランダ人部隊へ直接的な指示を出しており、オランダ政府は避難民の退避に関するオランダ人部隊の行為を実質的に支配していた、という判断だった。

遺族たちはさらに、現地オランダ人部隊カレマンス元司令官とフランケン元副司令官らに対する訴えを起こしたが、オランダの裁判所はこれらの元幹部を不起訴処分とし、欧州人権裁判所も不起訴の判断を支持した。

別の遺族たちが起こした訴えとしては、二〇〇七年、約六〇〇〇人の遺族の代表がオランダ政府の責任を問う訴訟を、オランダ国内で起こしている。オランダ政府は先の裁判と同様に、国連の指揮下にあったオランダ人部隊について国に責任はないと主張したが、二〇一七年、オランダの控訴審は、ポトチャリのオランダ軍施設内から退去させられて殺害された約三〇〇名のムスリム系避難民の死について、オランダの責任を認める一審の判決を支持し、国に一部の責任があるという判決を出した。

軍施設から退去させられれば、少年を含むそれらのムスリム系男性避難民が、セルビア系武装勢力から拷問されるか、処刑される危険があることを、現地部隊は予測できたとし、それにもかかわらず、セルビア系武装勢力によるそれらの男性避難民の選別に協力したのは違法である、としたのだ。ただし、それらの避難民が軍施設内で保護されなかった場合に殺害された可能性を七〇パーセントとし、保護されていた場合の生存の可能性三〇パーセントについて、国の賠償責任を認めた。その一方、控訴審は、オランダ軍施設の外に避難して殺害された犠牲者については責任がないとした。

オランダ政府はこの判決を不服として最高裁に上告した。

二〇一九年七月、オランダ最高裁は、控訴審同様、国の責任を認める判決を下した。最高裁は、オランダ軍施設内には、当初、セルビア系武装勢力が気づいていなかった約三五〇名の男性避難民がいたとし、結局は退去させられ死亡したそれらの避難民について、遺族への賠償を命じた。しかし、それらの避難民が死を逃れた可能性はごくわずかであるとし、遺族に対する政府の賠償責任を一〇パーセントに限って認め、その他一切の請求を棄却した。

これを受けて、オランダ政府は、「最高裁の判決を受け入れる」という声明を発表。声明では、犠牲者への哀悼の意を改めて遺族へ伝えるとともに、これは国際社会の失敗だという主張を繰り返した。また、責めを負うべきは当時のセルビア系武装勢力であり、オランダは犯罪者を裁くために協力を続けてきた、ともつけ加えた。これで、十二年に及ぶ裁判はようやく決着を見たことになるが、一〇パーセントの賠償とは、金額にして数千ユーロ、日本円に換算して数十万円程度にしかならないという見方もある。原告のスレブレニツァの遺族にとっては、正義が十分に認められたとは言えず、大きく不満が残る結果となった。

しかしその一方で、この判決は、国連平和維持活動に参加した部隊が行った活動中の行為について、部隊を派遣した国が責任を問われることがあり得るという確固とした前例を作った。その意味で、この判決は大変意義深く、国連をはじめ、国際社会に与える影響はきわめて大きいと言える。日本にとっても大いに参考となる事例である。

日本はとかく、派遣された日本人部隊の隊員に犠牲者が出ないことばかりを懸念しているが、例えば、日本人の隊員が訓練不足や経験不足で不備な対応をし、それによって現地住民に犠牲者が出た場合に、派遣元の日本政府が責任を問われる可能性があるのだということを十分考慮して、今後の平和維持活動への対応を計画、準備する必要がある。

つけ加えると、被害者の遺族たちによる裁判では国連の責任も追及されたが、オランダ最高裁、欧州人権裁判所とも、国連の絶対的な免責を理由に国連の責任を認めていない。

まったく異なる原告による訴訟もある。ポトチャリに派遣された元オランダ兵士による集団訴訟の動きが最近になって続いているのだ。二〇一六年にはダッチバットⅢに所属した元兵士十二人が、オランダ政府は彼らを十分な装備や準備がないままに、遂行不可能なミッションへと派遣したとしてオランダ政府を訴えた。その派遣の結果、元兵士たちが二〇年以上にわたって、スレブレニツァで大虐殺を防げなかった挫折の経験について、社会的、精神的、経済的に打撃を受けたままでいることへの損害賠償を求めて起こした裁判だ。

これに続いて翌年には、同じくダッチバットⅢの元兵士約二〇〇人が、「遂行不可能なミッション」だったスレブレニツァでの活動に派遣されたことにより受けたトラウマへの賠償として、オランダ政府に対する集団訴訟を起こすキャンペーンを始めた。兵士たちはオランダ政府に対し、シンボリックな賠償として一人につき二二〇〇ユーロ、あるいはスレブレニツァの大虐殺が起こって以降の毎年につき一〇〇〇ユーロの支払いを求めるとした。

派遣中のダッチバットには、牧師、カウンセラー、ソーシャルワーカーなどが随行して兵士たちのメンタルケアにあたっていたが、これらのスタッフに与えられていた第一の役割は、道徳面から兵士たちの行動を観察し、送還にあたるような違反行為がないか情報を収集分析することで、ストレスを抱えた兵士たちの心理的負担の軽減に務めることは二次的なものだった。スタッフの人数も限られていた。

オランダ政府は、派遣後の元隊員に対し、心的外傷後ストレス障害（ＰＴＳＤ）と診断された場合に限って補償をし、それ以外の社会的なダメージなどについての補償はせず、その件に関する元隊員との交渉も拒否していた。しかし、こうした裁判が続いたことで、政府は補償の交渉のテーブルに着くと方針転換したようだ。二〇一八年六月には、政府が元兵士たちの求めている支援に応じる方向に態度を変えたことから、集団訴訟は取り下げられるとみられている。派遣を決定したコック元首相は、同年一〇月に心臓疾患のため、八〇歳で死去した。

こうした裁判に関する動きは今後も注視していく必要がある。オランダにとって、スレブレニツァで起こったことは過去に置き去った出来事ではない。訴えに関わっていようとなかろうと、スレブレニツァでの人道的な悲劇は、当時の元オランダ兵士たちにとって大きな試練で、元兵士たちもまた、今でもトラウマを抱えているのだ。

日本では、国連平和維持活動中の隊員へのメンタル面での専門的なサポートは、どの程度あるのだろうか。また、任務を終えて帰国した隊員に対しては、どのようなアフターケアがされているのだろうか。身体的なダメージに対するケアだけでなく、ＰＴＳＤに対するカウンセリングなど、派遣中に体験したストレスやトラウマへの専門的な配慮は、十分にされているのだろうか。

国連平和維持活動に継続して参加し、ミッションを成功させるためには、派遣前の訓練だけでなく、派遣中のサポートや派遣後のフォローアップケアもまた、政府や関係組織が責任を持って行うべき重要な対応であることを、日本の担当者にはよく理解してほしい。

◆不測の事態への対応能力

国際貢献の一端を担って大変むずかしい任務を引き受けたオランダのために一つ言えることは、スレブレニツァの人たちを守れなかったオランダ人部隊のことばかりが責められるが、なぜ、そうなったのかを包括的に考えれば、現地のダッチバットだけに責任を押しつけるのはフェアではないということだ。

まず、そこには、オランダ政府と軍が自らコントロールするのは不可能な事情があった。状況的には、侵攻してくるセルビア系武装勢力を迎え撃つのはムスリム系政府軍だったはずだし、侵攻を食い止めるのはＮＡＴＯ軍の空爆のはずだった。それがどちらも機能しなかったのだ。

前章でも触れたが、一九九二年の独立当時からスレブレニツァを防衛し続けていた政府軍司令官のオリッチは、ムラディッチ侵攻間際の四月、ヘリコプターでトゥズラに移動したままで、スレブレニツァ陥落当時、不在だった。スレブレニツァ現地司令官のこのきわめて不自然な動きについては、様々な説がささやかれているが、オリッチをはじめとする当事者が多くを語らないいまで、真相はいまだ藪の中だ。

オリッチがトゥズラに移動したのは、そこで開かれる会議に参加してスレブレニツァ防衛の対策を練るためだったとも言われれば、イゼトベゴヴィッチ大統領とセルビア系勢力の間でスレブレニツァをめぐる取引があり、オリッチを故意に移動させてスレブレニツァ防衛をさせなかったという陰謀説まである。

オリッチがスレブレニツァに戻らずにトゥズラに留まった理由も諸説ある。それまでのオリッチの戦闘行為が残虐すぎるという懸念があったとか、スレブレニツァへ戻るためのヘリコプターが撃ち落とされて確実に戻る術を失っている間にスレブレニツァが陥落してしまったとか、まことしやかに語られている。

いずれにせよ、このように不明瞭な理由で現地司令官オリッチが去ったままで政府軍が十分機能しない上、緊迫した状況で約束されていたはずのNATO軍の大規模な空爆がまったく実行されなかったことが、ダッチバットに追い打ちをかけた。

ムラディッチ率いるセルビア系武装勢力はどこからも壊滅的な攻撃を受けることなく、あっけなくスレブレニツァに侵攻できてしまった。そのことが、ムラディッチにとっては、「民族浄化」計画のGOサインとなった。

現地のオランダ人部隊がこうした不測の事態の連続によって最前線に立たされて、その司令官がムラディッチと直接交渉することになったのは、大変不幸なことだった。

言うまでもないが、スレブレニツァを守る使命を負う本来の当事者は、イゼトベゴヴィッチ大統領はじめ、ボスニア・ヘルツェゴヴィナ政府だ。しかし彼らは、セルビア系武装勢力によるスレブレニツァへの侵攻が計画されているという情報を事前に得ていながら特に対策を取らず、スレブレニツァ陥落の知らせを受けても、そうする軍事的余裕がなかったとも言えるが、緊急に援軍を送ることもなかった。スレブレニツァの遺族たちの間では、当時の大統領はじめ政府への不信感はいまも強く残っている。

もし現地の政府軍が、NATO軍が、セルビア系武装勢力の侵入を食い止めていたら、スレブレニツァの大虐殺は行われることはなかったのではないか。八〇〇〇人もの生命が、国連軍の安全地帯で奪われていくことはなかったのではないか。歴史に「もし」はないと言われるが、それでも、そう問わずにはいられない。

しかし、現実はあまりにむごい。すんなりとスレブレニツァに侵攻して勢いづいたムラディッチは、オランダ人司令官を手玉に取るようにして、着々と「民族浄化」のプランを実行していった。


ここでまた、問わなければならない。日本の派遣部隊がこうした状況に立たされたら、政府はどうするのか。現地の日本人司令官はどうするのか。

現地の政治情勢が不透明化したり、治安が不安定化したりするのは紛争地域ではいつでも起こりうる事態だ。そうしたことを想定した上で、あらゆる事態に対応できるための訓練をし、コンティンジェンシープランを立てる必要があるが、日本の想定と対応は十分にされているのだろうか。非武装地帯の後方支援に参加するだけだからと安心して、事前の準備が不足してはいないだろうか。

加えて、そもそも、日本政府や防衛省をはじめとする関係省庁は、国連平和活動中の日本人隊員が人質に捕られる、人間の盾にされるという状況を想定し、シミュレーション対策を立てているのだろうか。

スレブレニツァのオランダ人部隊は、装備的にも任務遂行の意志力の面でも不足があったという弱点を敵につかれて、悲劇を防げなかった。その失敗の事例から日本が学ぶことは多いと考える理由の一つがここにある。

◆各国との情報共有と信頼醸成

さらには、アメリカと英国はスレブレニツァ陥落の危険性をその数か月前から把握していたのに、これをオランダ政府に伝えなかったという検証が多くされている。それについて、オランダ政府関係者は、自分たちは蚊帳の外に置かれたのだと今も憤る。米英とフランスの間で空爆せずという事前合意があったが、オランダ政府はやはり知らされなかったという説もある。オランダはＮＡＴＯ加盟国だが、それでもこれらの大国の間に入る余地はなかったということだろうか。

ここから示唆されるのは、集団安全保障については、機微な情報を共有するに値するパートナーだと相手国から思ってもらえる信頼関係を、各国と築いておかなければならないということだ。そうした信頼は一夜にして生まれるものではないから、常日頃からの様々なレベルでの努力が必要だ。スレブレニツァの悲劇から時を超え、国際テロやサイバー攻撃などの国境を超えた犯罪が頻発する現在のグローバルな環境の中では、情報を即時に提供してもらえるような信頼関係を各国と構築しておくことはますます重要となる。そして、そのようにして構築された信頼関係は、国連平和維持活動にも必ず生かされるはずだ。

☆

一九九二年に勃発したボスニア・ヘルツェゴヴィナの内戦で国際社会に大きな衝撃を与えたのは、なんといっても、「民族浄化」――エスニック クレンジング――という非人道的行為だろう。

この内戦については、セルビア系勢力が一方的に悪者にされたと言われることがある。「セルビア系勢力は邪悪な殺戮者で、ムスリム系の人々はその犠牲者だという単純な構図の報道を国際メディアが繰り返す中で、セルビア系勢力の残忍な行為は許しがたいと、強く非難する偏った国際世論が生まれてしまった。しかし、ムスリム系だけが『民族浄化』の被害者になったように言われるのはおかしい。実際には、クロアチア系やムスリム系勢力も同様の行為を行ったのに、そうしたことは意図的に見逃された」という見方だ。

セルビア系武装勢力に対するネガティブなイメージが生まれた裏には、ムスリム系政府が雇ったアメリカのPR会社の働きがあって、その宣伝策が功を奏したというジャーナリスティックなレポートが、日本では評判になった。

最小弱者が生存するために

それでも、ムスリム系の人々、すなわちボシュニャク人に同情が集まる理由は、この人たちが一番の弱者だったことには間違いがないからではないだろうか。

というのも、ボスニア・ヘルツェゴヴィナのセルビア系の国民は、隣国セルビアから協力支援を得て「大セルビア主義」を推進し、クロアチア系の国民は隣国クロアチアから協力支援を得て「大クロアチア主義」を推進した。主要三民族のうち、これらの二民族には、それぞれの本国が隣国として存在する。つまり、国外に強力なバックアップ体制があり、大きな寄りどころを持っているのだ。

それに対して、ムスリム系の国民にはボスニア・ヘルツェゴヴィナしかない。ムスリム系民族にとっては、ボスニア・ヘルツェゴヴィナこそが本国なのだ。どこか別のところに同じムスリム人の国があって、そこから移り住んで来たわけではない。この人たちはトルコから来たトルコ人でもなく、歴史的にも民族的にも、その地に住み続けているボスニア・ヘルツェゴヴィナの人々なのだ。

だから、ムスリム系の人々にとっては、母国ボスニア・ヘルツェゴヴィナの土地に残って戦う以外、自分たちの生存圏を守る術がなかった。ムスリム系民族にとってこの内戦は、自分たちの国内で他民族からの攻撃を受けるというきわめて変則的なもので、それは周辺国からの攻撃と同様に、あくまで自衛の戦いだった。これらの人々は、民族自決による強い意志で旧ユーゴスラヴィア連邦からの独立を希望したが、その後の民族抗争では、セルビア系やクロアチア系のような領土拡大の大きな野心を抱いて戦ったわけではなかった。

さらに恐ろしいことには、脅威は「大セルビア主義」「大クロアチア主義」というそれぞれの民族のドクトリンだけではなかった。その二つのドクトリンが結びついた脅威が存在したのだ。つまり、ボスニア・ヘルツェゴヴィナをセルビアとクロアチアで分け合ってしまおうという、二つの隣国の野望が合わさって一つになった妥協的合意が実際にあり、ムスリム系民族を脅かした。そんな状況に置かれ、押し寄せてくる強大な破壊的脅威に負けてしまえば、自分たちには「母国喪失」という運命が待っているだけだ。そして、国とともに、自分たちも消え去られた存在にされてしまう。文字通り、「民族浄化」されてしまう――

だから、ムスリム人にとって、それは自分たちの民族がこの世に存在し続けるための、まさしく生き残りをかけた壮絶な戦いだった。

そうした主要三民族の間にある根本的な違いを、欧米のメディア関係者は敏感に感じ取ったのではないだろうか。欧米メディアが、ボスニア・ヘルツェゴヴィナ内戦をヨーロッパにおける少数民族であるムスリム人たちの死闘ととらえ、ムスリム系民族を抹殺しようとするセルビア系武装勢力の姿にフォーカスしてレポートしたのも、セルビア系武装勢力に対する厳しい国際世論が生まれたのも、ムスリム系の人たちが孤立無援の一番の弱者だという共通認識があったからではないだろうか。

イスラム教のつながりでアラブ諸国が武器の供給支援をした、アラブの民兵が助っ人として来たということは事実としてあったが、地続きのセルビアやクロアチアからの強力な軍事支援とは、スケール的に比べ物にならなかったはずだ。

そしてまた、頼る同胞の母国を持たないムスリム系の政府としては、国際社会が頼みの綱だった。セルビアとクロアチアのあからさまな軍事的干渉に対抗するために、欧米の大国の支援が必要だった。国連を動かすことが必要だった。生き残りのために打てる手はなんでも打たなければならなかった。その一つが、アメリカのＰＲ会社のメディア戦略に乗ることだったとしても、それは理解できる話ではないだろうか。

もう一つ、重要な違いがある。

戦争というものには、関わった者のうち、どちらか一方だけが被害者で、他方のみが人の命を奪う加害者ということはない。攻撃されれば、自分たちの身を守るために反撃する。だからといって、攻撃が悪で、反撃が悪ではないとも言えない。攻撃にしても反撃にしても、どこまでが合理的なのか、普遍的で絶対的な法則はない。ボスニア・ヘルツェゴヴィナ内戦での戦闘行為については、どの民族も敵を殺害し、強制収容し、拷問し、レイプし、家屋を奪うか焼き払い、宗教施設を破壊した。どの民族も加害者となり、被害者となった。

しかし、前述のとおり、この内戦では民族によって戦う目的が違ったのだ。

他民族への攻撃であっても、そこに領土的野心に絡む「民族浄化」という明らかな意図がある場合と、そうとは言えない場合では、国際人道法による罪の問われ方が違ってくる。

国連の専門家委員会が一九九四年四月にまとめた報告書では、旧ユーゴスラヴィアの紛争のコンテクストにおいて、「エスニック クレンジング」とは、「ある民族的あるいは宗教的集団が、別の民族的あるいは宗教的集団の一般住民を、暴力的及び恐怖を抱かせるような手段を用いて、特定の地理的地域から排除するために形成した意図的な政策」であり、「それは、殺人、拷問、強制収容、強制退去、レイプ、施設の破壊、一般人や非軍事施設への武力攻撃などの方法で実行される」としている。

セルビア系武装勢力によるムスリム系及びクロアチア系住民に対する「民族浄化」は、それぞれ単発的、偶発的な出来事ではなく、上層部の指示により、きわめて組織的、計画的、かつ長期的に実行された政策であり、そのようにして実行された行為は、人道に対する罪やジェノサイド条約違反に問われるものであると、同委員会の報告書や多くの専門家が指摘している。

一方、セルビアでは、リヴィジョニストたちによる正当化のための再検証が活発化しており、ＩＣＴＹにおける有罪判決がセルビア系元武装勢力に偏っていると批判が続けられている。しかし、セルビア系元武装勢力に有罪判決が多く下された大きな理由は、この点にあるのだ。

私は、スレブレニツァでのムスリム系住民の「民族浄化」が、ムラディッチの指揮によっていかに組織だって大規模に行われたか、現地に行って、映像や写真や様々な証言から再現されたものを追体験してきた。そして、着々と大量処刑を実行し、隠蔽していったその恐ろしいほどの計画性と実行力に、震撼させられた。

それに対して、ムスリム系の政府軍による同様の行為は、こうした敵の行為への対抗措置、あるいは内戦の状況を有利に支配しようとする目的で行われたことは間違いないとしても、「民族浄化」を目的としたものとまでは言えない。ジェノサイドだとも言えない。

スレブレニツァの英雄と言われたオリッチは、スレブレニツァ陥落以前に元部下が行った残虐行為や周辺のセルビア系地域で行った破壊行為に関してＩＣＴＹに収監されたが、二年後の二〇〇八年に無罪判決が出て釈放された。二〇一四年、セルビアはオリッチに対してスレブレニツァ近郊で九人のセルビア系民間人を殺害した容疑で逮捕状を出し、オリッチは二〇一五年に国際手配によってスイスで逮捕されるが、スイスは本国で裁判が行われるようにオリッチをボスニア・ヘルツェゴヴィナへ送還した。オリッチと元部下の一人に対してサラエヴォで行われた裁判では、二〇一七年、三人のセルビア系捕虜の殺害に対して無罪となった。二〇一八年に裁判手続きの不備を理由に再審が開始されたが、同年中に無罪判決が確定した。

このように、オリッチも戦争犯罪に問われた身だが、同じスレブレニツァ地域で起こされた犯罪とはいえ、オリッチの場合はセルビア系被告とは違ってジェノサイドや人道に対する罪ではないとされた。

むしろ、「民族浄化」という点に関してムスリム系政府軍にできたことは、包囲下に置かれてしまったムスリム系地域を防衛し、可能な限り反撃し、自分たちの地域が「民族浄化」されないように抵抗することだった。

その中で最大の犠牲を出したスレブレニツァでは、現地政府軍の兵士たちも「民族浄化」の犠牲になった。繰り返しになるが、政府軍司令官のオリッチは、スレブレニツァ陥落の際、不在だった。スレブレニツァに残された政府軍の兵士たちは、侵攻してくるムラディッチの軍隊に可能な限りの反撃を試みたものの、指揮官を失ったままでは死守はかなわず、死への逃避行となる覚悟で隊列を率いてトゥズラへの歩行避難を強行するという、絶望的な賭けに出るしかなかった。そして、隊列中の多くの兵士たちが命を落とした。

政府軍兵士が命がけで戦った一方、その最高責任を負うはずの政府は、サラエヴォやスレブレニツァの例のように、その地のムスリム系住民の生命を救うよりも土地の死守を優先して、住民たちをそこに留まらせる戦略を取った。「民族浄化」されそうな地域への欧米の軍事介入を実施させたいがために、住民をあえて危険にさらすという非情さを示すことも度々あった。こうした政策を取り、自分たちが守るべき同民族の人々を戦争の犠牲にしたボスニア・ヘルツェゴヴィナ政府上層部や軍の中央指令部が罪に問われるべきだったのかについては、歴史の判断に委ねたい。

「民族浄化」への対応のジレンマ ――「中立性」への疑問

スレブレニツァは、数日間で約八〇〇〇人の殺害が行われたことで人道上の一大スキャンダルとなったが、「民族浄化」はボスニア・ヘルツェゴヴィナの他の地域でも行われていた。そうした地域に展開していたＵＮＰＲＯＦＯＲの兵士たちもまた、「民族浄化」を傍観するという点において、困難な状況とジレンマに陥った。

ターゲットとなった住民を助けなければ、残虐行為を目の前で見過ごすことになる。しかし、住民を助けて別の場所に避難させれば、それらの住民が去った後の土地は敵の支配地域となり、「民族浄化」されてしまう。住民を救出することが「民族浄化」という目的を達成する手助けとなってしまうのだ。そうなれば、一方の戦闘目的の達成に協力することとなり、国連の中立性の原則に関わる事態にもなる。

「民族浄化」にはこうした恐ろしいトリック的な一面があった。

中立性の原則によって、現場の兵士たちは「介入するな」と命令された。だからといって、自分たちが目の前の住民を救出しなければ、罪なき一般市民を、老人も女性も子どもも含めて見殺しにすることになる。そうした状況に陥った一兵士、一隊員それぞれが、人間としての究極の選択を迫られ、その後、モラル的なジレンマの経験によるトラウマに長く苦しめられることとなった。これはダッチバットⅢの兵士たちに限ったことではない。

特にボスニア・ヘルツェゴヴィナにおいては、国民の生命を守るべき政府が住民の救出を願わず、領土のために住民を犠牲にするような戦略を取ったことが、ニューヨークやジュネーヴなどのハイレベルにおける「民族浄化」への対応をよけいに複雑化させた。

このように、国際社会は、ボスニア・ヘルツェゴヴィナ内戦で「民族浄化」という目的を持った非人道的行為にいかに対応するか、そのむずかしさに直面することとなった。UNPROFORでの体験に加え、同時期に起こったルワンダの大虐殺という惨事により、一般市民を見殺しにするのが果たして国連平和維持軍の任務なのか、という倫理的な疑問点が指摘されることになった。

そして、こうした自己批判的な問いかけは、国連がその平和維持活動の「中立性」(neutrality)という原則を見直す契機となった。

どの紛争当事者とも同じ距離を置く「中立性」の原則にしたがって、特定の当事者の政治目的の達成に加担しない立場を守るために、国連が、大虐殺のような犯罪行為について何もせずにただ傍観しているということはあってはならない。国連が不動の立場を取るべきは、紛争当事国や当事者に対してではなく、国連が掲げる人類普遍の法則や、平和維持活動のミッションに与えられた使命と任務に対してだ。当事国がどこの国であろうと、守るべき相手が誰であろうと、いかなる状況になろうとも、平和に向かって、与えられたマンデートの達成をひたすらに目指してミッションを遂行することが必要だ。

そうした新たに生まれた認識から、「中立性」の原則は「不偏性」(impartiality)の原則へと取って代わられるようになった。「公平性」と訳されることもある。ガリ事務総長の後に国連トップに就任したコフィ・アナン事務局長は、国連平和活動の見直しに取り組み、「悪を面前にして、不偏性は中立性を意味しない。決して、意味してはならない」と述べた。二〇〇〇年以降、国連平和維持活動に関する文書には、原則としての「中立性」という言葉は使われないようになっている。

民族多様性とポリティカルウィル

ボスニア・ヘルツェゴヴィナのボシュニャク人。ルワンダのツチ族。ミャンマーのロヒンギャの人々――

「民族浄化」のターゲットにされてきたのは、いつも少数民族だ。ボシュニャク人は、ボスニア・ヘルツェゴヴィナ国内では主要民族の一つであっても、ヨーロッパの中ではイスラム教徒のヨーロッパ人というマイノリティの存在だ。

そして言うまでもなく、「民族浄化」は人類の普遍的価値である民族多様性に対する挑戦だ。少数民族を力で排除しようとする「民族浄化」の野心には、そうした負の力に断固対抗するポリティカルウィル（political will）が必要とされる。その必要性は、数年前から広く報じられるようになったロヒンギャ民族への虐待について、黙認するかのような当事国の政治的リーダーの対応への疑問とともに、国際社会が感じたところだろう。また、ミャンマーでの国連の人道問題担当責任者が、政府との関係を優先し、ロヒンギャ民族の人権問題に接しながらも四年近く封印し続けてきたと、国連内外から批判が上がった。

ポリティカルウィルとは、日本ではまだそのまま使われることはあまりないが、国際平和を語る際にはよく使われる重要用語で、政治的意志や政治的意欲という意味だ。ボスニア・ヘルツェゴヴィナ民族紛争時に国連が陥った、無力感漂うジレンマに再び陥る状況を生まないためにも、民族多様性を重んじ、「民族浄化」という言葉が使われるような事態を決して許さないというポリティカルウィルを、日本も含め、各国の指導者は国際社会に明確に示すことが求められる。

☆☆

UNPROFOR当時の日本

多くの国が困難を予想しつつも内戦勃発後のボスニア・ヘルツェゴヴィナでの平和維持活動を開始した頃、日本といえば、国連の平和維持活動に参加するための国内法がまだなかった。

当時の日本では、日本が国連平和維持活動に参加するべきかどうかというスタート時点の問題について、ヒートアップした議論がされていた。ご記憶の方もいると思うが、英語の「ピースキーピング」に続く用語を用いて「O（オペレーション）なら良いがF（フォース）はダメ」というような議論が、日本国内ではされていた。振り返ってみれば、それは、旧ユーゴスラヴィア諸国で行われていた国際協調によるバードンシェアリングの厳しい現実とは、かけ離れた論争だった。

そういうわけで、国連平和維持活動後進国の日本は、ＵＮＰＲＯＦＯＲに人員を送っていない。紛争の対応にあたった国連組織のトップとして、明石国連事務総長特別代表とＵＮＨＣＲの緒方貞子難民高等弁務官という二人の日本人が活躍されたが、以前から国際公務員という立場で職務に就いておられ、日本からの政府派遣で仕事をされたのではない。

一九九二年六月、いわゆる「ＰＫＯ協力法」が成立し、日本の国連の平和維持活動参加への道筋がようやく整った。

そして日本は、恐る恐るという感じで、国連の平和維持活動に参加し始めた。同法に基き、一九九二年九月、第二次国連アンゴラ監視団（ＵＮＡＶＥＭⅡ）に選挙監視要員三名を派遣。さらに同月、カンボジアで行われていたＵＮＴＡＣに日本初の本格的な人員派遣を行った。道路や橋の補修を主任務とする自衛隊の施設部隊六〇〇名を任務地のタケオに派遣したのに続き、翌月には、警察官七五名が文民警察官としてカンボジア全土に派遣された。ＵＮＴＡＣの最高責任者を務めていたのは、当時、国連幹部職員だった明石氏だった。

日本の前提とリアリティの危険なギャップ

日本はその後、国際平和維持活動の非軍事分野に参加を続けることになるが、日本国内に目を向けると、初の参加から四半世紀を過ぎても、国連平和維持活動への参加について、消極的な意見や否定的な意見は多い。しかし、日本が国際社会の責任ある一員であるために、国際平和への貢献という各国との共有責務を負うのが当然であることは、日本が最初にＰＫＯに参加した時も今も変わらない。

また、著しくグローバル化が進んだ今日の国際社会の中では、日本が無差別テロや周辺国からの脅威などの新たな脅威と立ち向かうには、逆に、他国や国際社会の力を借りなければならないこともある。日本は危険なことはいやだから世界に対して何もしないが、日本に危険が迫った時にはどうぞ助けてくださいなどと言うのは虫が良すぎるし、そんな勝手な平和主義を唱えても、困った時に誰も心よく手を差し伸べてくれないだろう。次々と生まれるグローバル化した脅威から日本を守りたいならば、日本は進んで国際社会と協調し、国際貢献の一環として国連の平和維持活動にも参加し続けていくことが求められるのだ。

ただし、私たちがそうするにあたっては、理想論に燃えて行動するだけではなく、リアルな現実を直視しなければならない。国連の平和維持活動には、いかなる場合も生命の危険が常に伴うという現実だ。

日本の参加はＰＫＯ協力法に則った停戦合意のある場合のみで、紛争地には行かないし、非軍事分野に限っての活動だから、ＵＮＰＲＯＦＯＲの例にあるような危険な状態とは無縁だと思うかもしれない。しかし、停戦合意があっても、非軍事分野に限っての活動だからといっても、生命の危険が伴わないということは決してない。ＵＮＰＲＯＦＯＲは一つの事例に過ぎないが、軍事要員だけでなく、戦闘活動とは無関係なはずの文民要員にも少数ながら犠牲者が出ている。

これまでに日本人でＰＫＯ派遣中に犠牲者となったのもすべて文民要員だった。紛争地ではないという扱いだったＵＮＴＡＣで活動していた国連ヴォランティアの中田厚仁さん（当時二五歳）と文民警察官の高田晴行さん（当時三三歳）は、日本初参加のミッション活動中に出た犠牲者となった。中田さんは一九九三年四月に、高田さんはその翌月に、活動中のところを何者かに銃撃を受けて生命を落とされた。一九九八年には、元筑波大学助教授で外務省から国連タジキスタン監視団（ＵＮＭＯＴ）に政務官として派遣された秋野豊さん（当時四八歳）が、武装勢力から銃撃を受けて殉職された。これらの犠牲者の方々とは事態が異なるが、二〇一〇年には、国連東ティモール統合ミッション（ＵＮＭＩＴ）事務総長副特別代表を務めていた外務省の川上隆久さん（当時六〇歳）が、派遣先ディリの自宅で亡くなっているところを発見され、死因は不明だが事件性はないとされた。

こうしたことからもわかるように、派遣されれば生命の危険が伴うことは、日本がＰＫＯと呼んでいる貢献についての国際社会の前提だ。戦闘地域であろうと非戦闘地域であろうと、軍事要員であろうと文民要員であろうと、犠牲者は出るのが前提なのだ。日本はこのことを四半世紀前のＵＮＴＡＣに本格的に参加する中で、すでに経験したはずだ。それなのに、こうした犠牲者の存在を無視するかのように、日本政府は国連平和維持活動に参加するのは「安全だ」と繰り返してきた。その教訓を生かしていくべきであるのに、逆に、そのリアルな現実に目をそらし続けてきたのだ。

実際にフィールドに出れば、武力の行使如何の問題以前に、それ以外の危険要素が当たり前のこととして存在する。途上国の悪路で思わぬ事故に巻き込まれることもあれば、厳しい環境下、現地で死に至る病にかかることもある。実際、一九八九年にはナミビアで国連独立移行支援グループの人権担当官だった国連職員の久保田洋さんが交通事故で、二〇一七年には国連中央アフリカ多次元統合安定化派遣団の行政官だった日本人女性がマラリアに感染して亡くなられた。

他にも様々な危険が想定される。携帯品目当てに襲われることもあれば、なにかの理由で人質になる可能性もある。ＰＫＯ協力法ができた当時とは時代が変わり、宗教的な無差別テロの脅威や、ドローンによる攻撃のような新たな脅威も生まれている。絶対に安全な国連平和維持活動などないということを、日本人は理解する必要がある。

言い換えれば、日本が国連の平和維持活動に参加して国際貢献を続けようとするなら、生命の危険があるという前提を受け入れる覚悟が求められるということだ。リアルな現実から目を背けたままで活動を続けることは、逆に日本の平和貢献を危うくし、後退させることにつながる可能性のほうが高い。

裏を返せば、国連平和維持活動への参加にあたり、「一人の犠牲者も出さない」というこれまでの日本の前提は、「通用しない前提」なのだ。その通用しない前提を、今後も日本の前提として派遣を行うなら、スレブレニツァの悲劇を巻き起こしたオランダ人部隊の二の舞のようなことを、日本の部隊が引き起こしかねないという危険も考えられる。そして、そうした危険性は日本にとってだけではなく、世界にとっての危険性となる。

国連ＰＫＯ活動中に日本人の犠牲者が出ることについて、受け入れがたいと感じる人は、国際平和のために個人の資格や自らの意志で働く日本人の存在について目を向けてほしい。そうすれば、事情はまったく違うことに気づくだろう。

日本人が国際貢献に生命をかけるのを国として躊躇する一方で、紛争地や難民キャンプで活動する国連組織や国際ＮＧＯなどに個人の意志で参加して、危険を伴う活動を行う日本人は、過去にもいたし、現在でもいる。カンボジアのＰＫＯに自発的に参加し、尊い生命を落とされた国連ヴォランティアの勇気や志を忘れないでほしい。自ら人道ミッションへの参加を志願し、自分とは何のつながりもない国の見ず知らずの人々のために殉職された方々の生き方に、国際平和へのコミットメントを感じてほしい。国連ＰＫＯ参加に否定的な考えの人も、国も、そうした同じ日本人、しかも武装をしていないシヴィリアンが、行動で示してくれる真の勇気や人道支援への逃げない取り組みに学んでほしい。

他国の他者のために生命をかける生き方をする日本人がいる。そのもう一つの事実を、他人事というのではなく、同じ日本人による選択なのだと自分にもっと引きつけて見つめた上で、自衛隊員や警察官の派遣については組織のしがらみを遮断する募集方法を整備して、完全に自分の意志で、海外での危険な任務に就くと決めた人員のみを派遣すればいい。そういう覚悟がないのなら、自分のためにも派遣先の国の人々のためにも、行かないほうが絶対にいい。逆に言えば、他の国の人のために命を捧げる覚悟ができていないなら、参加しないほうがいいし、参加させないほうがいい。

完全な志願制にして、どれだけの公務員が自発的に希望するかはわからないが、国連平和維持活動に参加する隊員の生命に対する責任の呪縛から解放されなければ、日本はいつまでたっても前に進めないでいるだろう。

それでも、日本人隊員に人的被害を出したくないというのであれば、中途半端に国連平和維持活動に部隊派遣するのは止めて、様々な間接的支援に重点を置くといった方向転換を図るほうが、どの国にも迷惑をかけることなく、確実に平和貢献できる。日本の支援は消極的だ、リスクを犯さないと批判されようが、日本の精神性の限界を認めて、確実な貢献を選択すればいい。私はそれほど危険な活動に参加したことはないし、崇高な使命感や勇気を持ち合わせているわけではまったくないが、思い返せば、自分が国連機関のスタッフになった際、「死んでも責任は自分にあります」というような内容の書類に、まずサインした記憶がある。サインしなければ活動に参加することはできない仕組みになっていた。その時の私には、サインすることに躊躇はなくて、むしろ身が引き締まる思いがしたことを覚えている。

日本へのプロポーザル

最後にもう一度、スレブレニツァにおける国連平和維持活動の失敗は、過去に起こった悲劇というだけではなく、その出来事から日本が学ぶことは数多くあることを強調したい。平和について考えたい日本人にはどなたでも、ぜひこの場所を訪れてほしい。

さらに三つ、具体的な提案がある。

一つは、日本人として国連平和維持活動に関わることが考えられる人たちに対して、研修の一環として、ポトチャリの追悼記念複合施設を実地見学するための定期的なプログラムを作ることだ。ポトチャリに開設された追悼記念ミュージアムのように、国連平和維持活動の一つの部隊のミッションに特化したミュージアムは大変珍しく、参考になることが多いはずだ。見学のために現地を訪れる際には、関係者や遺族を含めた地域住民と交流活動も行って、現地の方々との信頼醸成にもつなげてほしい。

二つ目は、ポトチャリの国連軍基地跡地に、小規模な国連機関を作ることだ。PTSDを抱える人々のケアに関する研修と研究をするセンターや、民族和解や寛容醸成のための教育プログラムの研究と実践に関するセンター、平和的紛争解決・交渉の研究と訓練を行うトレーニングセンターなど、スレブレニツァに作ることが最適であり、必要でもある研究や活動のテーマは多々ある。

日本だけで実現できることではないが、日本に本部がある国連大学は多くのセンターを世界各地に持っているから、そうした研究ネットワークの一つとして提案し、具体的な検討の推進役を務めることは可能だろう。

現地には国連への反発や不信感が今も残っている可能性はあるが、スレブレニツァの遺族から訴えられているオランダ政府が記念ミュージアムの創設を含め、現地との和解に努めていることを考えれば、国連も同様の努力をするべきではないだろうか。私は実際に記念施設のコンパウンドを訪れているが、施設内にそうしたセンターを作る土地は十分にある。

日本ができることの三つ目は、ジェノサイド条約（集団殺害罪の防止及び処罰に関する条約）を早期に批准することだ。一九四八年に国連総会で採択され、一九五一年に発効したこの国際条約には、二〇一九年五月時点で一五一か国が締約国となっている。日本はこれまでのところ、未加入のまま。同条約が集団殺害等の行為を国内法によって犯罪化する義務を課していることから、国内法を整備する必要があるが、その内容などについて慎重に検討しなければならないというのが政府の見解だ。

しかし、ジェノサイドという重大な犯罪を許さないという国際社会のコミットメントに加わっていないというのでは、そうでなくても、国際社会の中で人権後進国といわれる日本の国としての信用に関わる。世界の主要国、例えばＧ７（主要国首脳会議）のメンバー七か国中、ジェノサイド条約の締約国でないのは日本だけだ。いくら国際貢献の努力を重ねても、日本がこうした国際人権条約について未加入のままであり続けるなら、その国際貢献の努力は十分には評価されないことを理解して、日本は人道上の国際法違反を許さないという意志の表明の努力を積み上げていく必要がある。

こうしたことを提案するのには、過去の教訓から学ぶということに加えて、国際社会にとって現実的な理由もある。

二〇一六年九月、スレブレニツァの市長選で、セルビア系市長が誕生した。スルプスカ共和国やセルビア本国の協力者を総動員して選挙戦を行った末に、スレブレニツァの大虐殺の生存者である現職ムスリム系市長を破って当選した。現在も、スレブレニツァでセルビア系武装勢力が行ったことをジェノサイドだとは認めない人物が市長になったことで、あの悲劇が再び繰り返されるのではないかと懸念する声が上がっている。先を不安視するムスリム系住民が、再びスレブレニツァを離れているとも聞く。

さらに国を構成する行政体レベルでも、堂々とスレブレニツァの大虐殺を否定する動きが生まれている。二〇一八年八月、スルプスカ共和国の大統領の提案による同議会での投票で、スレブレニツァの大虐殺を認めた過去の報告書を取り消すことを可決した。スルプスカ共和国はスレブレニツァで大虐殺が行われたことを認める報告書を二〇〇四年に出したが、今回の投票で、「犠牲者数は大幅に誇張されたもの」だとしてこれを無効とし、新たに見直すことを決めたのだ。民族主義者の大統領はカラジッチを英雄とし、ジェノサイドの罪で裁いたＩＣＴＹを批判し続けている人物で、同年一〇月の大統領選挙で再選を果たした。アメリカや国連人権高等弁務官らは、見直しの決定を「緊張を高める誤った方向への動きだ」とし、懸念を表明している。

そんな中、この国の将来を担う子どもたちの間では、民族の違いを乗り越えた象徴的な活動が海外援助によって続けられている。スレブレニツァで二〇一二年に作られた子どもたちのための音楽学校だ。オーストリアの民間団体の支援で作られたこの学校では、ボスニア・ヘルツェゴヴィナのどの民族の子どもでも無料でレッスンを受けることができる。今では毎年、子どもたちによるコンサートがボスニア・ヘルツェゴヴィナ各地で開かれるようになり、二〇一八年夏には、ボスニア・ヘルツェゴヴィナ、セルビア、クロアチアから一五〇人の子どもたちが集まって一緒に学び、スレブレニツァで開かれたコンサートで合唱を披露した。

子どもたちが共存のための未来志向の中で育っていくのを、過去の民族対立に縛られた民族主義の政治家たちが阻害している。そうした国内状況の中で、象徴的なスレブレニツァという地に平和と和解のための国際社会のプレゼンスが生まれるなら、その意義は大きいだろう。国連の研修・訓練センターが設立されれば、今後の民族間対立の予防になるだけでなく、世界各国から訪れる受講者などで人の流れが活性化し、対立と和解が交錯するスレブレニツァに、より開かれた民族多様性という価値観をもたらす新たな息吹となることも期待できる。

同時に、スレブレニツァに新たな平穏が訪れるためには、民族に関係なく住民たちが享受できる経済的な発展が必要だ。スレブレニツァへの日本からの定期的な研修派遣が実行されれば、その受け入れに伴う地元の雇用が生まれ、小規模ながらも日本からの息の長い経済支援ともなる。サラエヴォとモスタルには、復興支援として日本政府が無償資金協力で供与した黄色いボディに日の丸印のある公共バスが、かなりぼろぼろになりながらも今も街中を走っている。自分の目では確認していないが、スルプスカ共和国のバニャ・ルカでも同様の赤いバスが今も使われているという。モスタルではＪＩＣＡ（国際協力機構）のプログラムも続けられている。しかし、スレブレニツァには現在、私が確認した限りでは、日本からの公的支援は届いていない。

スレブレニツァに限ったことではないが、長期的な経済基盤の安定が平和の定着につながるように、日本をはじめ、国際社会の実質的なバックアップが引き続き求められる。

ボスニア・ヘルツェゴヴィナの平和は、世界の国々が力を合わせて、多大な犠牲を払って構築した。みんなで築い

戦後復興事業で日本が無償支援した公共バスは今も走っている

た平和だ。それからずっと、国際社会はこの国の平和を辛抱強く守ってきた。今後、ボスニア・ヘルツェゴヴィナが自立していくことは必要だが、あの悲劇が再び繰り返されないために、国際社会が二度と失敗を繰り返さないために、そして、平和を創り出すために尊い生命を捧げた世界各国のピースキーパーたちのために、過去と現在のはざまでいまだに不安定に揺れているボスニア・ヘルツェゴヴィナの平和の行先を、私たちはもうしばらく、さらに辛抱強く、さらに注意深く見守っていかなければならないと思う。

第六章
明日への祈り

サラエヴォのオールドタウンの端にあるエターナルフレームの前で、ゆらゆら燃えている平和の火をながめてから、スナイパー通りへと続く大通りを歩いていくと、すぐ近くに公園がある。

そこにはサラエヴォで内戦の犠牲になった子どもたちを追悼するための大きな緑色の抽象的なオブジェがあるのだが、二〇一五年、公園にはもう一つ、緑色の追悼物が建てられた。私の中に悲しみの響きを残し続けた、息子の名を叫ぶスレブレニツァの父親ラモさんの像で、サラエヴォのアーティストによって作製されたものだ。像の前に立つと、スレブレニツァの悲しみをサラエヴォでも分かち合おうという連帯の意識が、純粋に感じられる。

二〇一八年春には、内戦で破壊されたトレベヴィチ山のロープウェイが再び稼動を始め、復興の新たなシンボルとなった。

ロープウェイの始点は連邦側、終点からのハイキング

2018年に運転を再開したロープウェイ

コースはスルプスカ共和国側にも広がり、オリンピック・ボブスレーのトラック跡や、私が地元の案内役の人たちと休憩した山のカフェに徒歩で行くことができる。ロープウェイの運転再開で、これからは車のない観光客でも散策を楽しめる。地元にとっては観光収入拡大のための妥協の産物かもしれないが、元のセルビア系武装勢力の支配地域が観光エリアへと姿を変え、誰でも気軽にアクセスできるようになったのは、明らかな変化のサインだ。

とはいっても、私はこの新しいロープウェイからサラエヴォの全景を見下ろしながら、山の中腹に今もなお残る廃墟を時折見つけては、ここからセルビア系武装勢力が市内めがけて攻撃したのかという想像を働かせずにはいられなかったのだが。

サラエヴォでもう一つ注目すべき事態は、まったく新しい難民問題が思わぬ形で発生したことだ。シリア、イラン、アフガニスタンなどからセルビアやモンテネグロの国境を超えてボスニア・ヘルツェゴヴィナへ入る人々が、二〇一八年になってから急増したのだ。これらの人々はボスニア・ヘルツェゴヴィナを通過してクロアチア経由でドイツなどのEU主要国を目指す途中で、難民としてサラエヴォの公園でテント生活を送るようになった。

この難民の対応については、ボスニア・ヘルツェゴヴィナの民族対立感情が露呈することとなる。

予期せぬ事態に対し、公園で生活する難民への支援をせずに放置していたボスニア・ヘルツェゴヴィナ政府に対して、EUが適切な対応を取るように要請。ボスニア・ヘルツェゴヴィナ政府は同年五月中旬、三〇〇人弱の難民をモスタル近郊の施設にバスで移送することにした。ところが、クロアチア系のモスタル市長はこのバスが地域に入ることを拒否し、ブロックされたバスは、難民を乗せたままサラエヴォへ引き返さなければならなかった。ボシュニャク人が代表を務める政府は、このモスタルの対応を「クーデターだ」とし、憲法で定められた政府の権威を損ねると強く避難。バスの難民移送がようやく実施されるまでに、数時間の対立が続いた。

他方、セルビア系政治勢力は、EU主要国を目指している難民たちには、経済的チャンスに乏しいボスニア・ヘルツェゴヴィナに長く留まる意志はないにもかかわらず、難民の流入と滞在は、国内にイスラム教徒を増加させるためのムスリム系の策略だとして、難民の一時滞在施設の整備などの支援を拒否し続けた。

この新たな難民問題では、ボスニア・ヘルツェゴヴィナがヨーロッパの一部であることを再確認させられる。中東からの難民流入問題というヨーロッパが直面したグローバルな問題の余波が、この国にまで押し寄せているのだ。

そう考えると、ボスニア・ヘルツェゴヴィナはいつまでも主要三民族間の対立に終始しているわけにはいかないのではないか。そんな予感がする。

しかし、ヨーロッパの他国とは違って、ボスニア・ヘルツェゴヴィナの事情はややこしい。他のヨーロッパ諸国では、中東からのイスラム教徒の難民の受け入れは人道的問題への対応とされるが、同じ問題に直面しているのに、ボスニア・ヘルツェゴヴィナでは、ボシュニャク人勢力の拡大として他の主要民族から警戒され、新たな民族紛争の火種となりかねない状態になっている。だから、この国はヨーロッパの中において特異であり、むずかしく、危険なのだ。

こうした新しいボスニア・ヘルツェゴヴィナを回りながら、私には、この国の人たちがEU加盟の実現を強く望んでいると感じられた。今は、隣国クロアチアに比べてボスニア・ヘルツェゴヴィナの物価が格段に安いことが外国人観光客には大きな魅力となっているが、加盟すれば他のEU諸国同様の物価水準にならざるを得ず、好調な観光業は陰りを見せるかもしれない。経済面の変化で生活は混乱し、少なくとも一時的には厳しくなるだろう。それはこの国の人たちにはよくわかっている。さらには新たな難民問題を含め、EUが抱える様々なグローバルな問題がこの国にも波及することは避けられなくなるだろう。

それでも、ボスニア・ヘルツェゴヴィナの平和のために、安定のために、なんとしてでも、一刻も早くEUの加盟国になりたい。そうすれば、EUのメンバーとして多くの権利や保障を得ることができる。クロアチアはすでにそれをかなえ、セルビアは正式な加盟候補国となった。そんな中、ボスニア・ヘルツェゴヴィナだけが遅れを取ってはならない。置き去りにされてはならない。

そんな切実な思いを、この国の普通の人々が抱いている。

裏を返せば、それはこの国の人々が抱える不安の現れだ。内戦勃発で一度起こってしまった民族対立は、なかったことにはできない。民族対立は今も続き、いつまた内戦が再発するかわからない。あの長く、苦しく、壮絶な戦争が再び起こる。それは語られないトラウマとして人の心に残っているだけではない。人々の心の問題を超えた、はるかにはっきりとした現実的な恐れが、この国には内在している。民族対立が人の命を奪う危険に及ぶのは、決して過去の話ではなく、残酷な事件は今も起こっている。

二〇一九年四月、スルプスカ共和国の現大統領に批判的なセルビア系のビジネスマン（当時四八歳）が、最大都市バニャ・ルカで何者かに銃で頭を撃たれて殺害された。セキュリティ会社を営む有力者で、同じセルビア系の民族主義政権に反対し、多民族の平和的共存を主張していた男性は、ムスリム系の人間でもクロアチア系の人間でも民族を問わず、自分の会社に雇い入れていた。葬儀には、その死を悼んで数千人が集まり、伝統で馬に引かれて運ばれる棺の後に、長い列が連なった。

このような民族対立が今も国内不安の元凶であるのは事実だが、同時に、ボスニア・ヘルツェゴヴィナには、優れた人材、低い生産コスト、豊かな自然資源など多くの魅力がある。また、ＥＵ加盟を目指して制度改革が進められており、主要産業の一つの農業製品の輸出拡大が見込まれるほか、観光やサービス業が順調な伸びを見せていることもあって、プラスの経済成長率は今後も伸びると予想されている。ＥＵへの加盟申請は二〇一六年に行われ、同年、受理されている。

中国が進める「一帯一路」経済圏構想では、中東欧諸国はヨーロッパへのアクセスポイントとして重要な位置を占めているが、ボスニア・ヘルツェゴヴィナもその枠組みに参加している。中国の投資プロジェクトはすでに着手されており、「ボスニア・ヘルツェゴヴィナでは中国人は主要四民族の一つだ」というジョークが、一帯一路構想よりずっと以前から人々の間で口にされている。

こうした経済成長への期待が高まる一方、現在のボスニア・ヘルツェゴヴィナが、民族の問題以外にも多くの分野で問題をかかえているのもまた、事実だ。

深刻なのは、人口の減少問題だ。内戦勃発前の一九九一年構成調査では、人口は約四四〇万人。内戦の犠牲者や国外避難民により、戦争終結後の一九九六年には、世界銀行によると、約三八〇万人まで減少した。二〇一七年にはさらに約三五〇万人にまで減少している。経済や政治の不安で国外避難民が戻ってこないだけでなく、終戦からの高い失業率は徐々に低下しつつあるとはいえ、二〇一〇年代は二五パーセント以上が続き、国外により良い職を求める人材の流出が相次いでいる。ここ数年は経済状況が上向いてきて、失業率は二〇パーセント程度に改善されているが、ＩＬＯ（国際労働機関）によると、十五歳から二四歳の若年層の失業率は六〇パーセントときわめて高い。

さらに、この国の強みだった民族多様性が、現行制度では保障されていないという問題もある。デイトン合意の第四付属書がこの国の憲法となっているのだが、憲法では大統領選に立候補できるのは主要三民族からのみで、ユダヤ人、ロマ民族といったマイノリティには立候補の権利さえない。国民に平等な人権が保障されていないという、民主主義国家としては根本的な欠陥だ。

明日への希望は大きいが、課題も同様に大きい。

何度も言うが、この国の平和はこの国の人たちだけのものではない。内戦では、多くの国々のピースキーパーたちが生命を捧げた。もし歴史が韻を踏んで、この国で再び内戦が起こったら、今度はどの国の人たちが生命をかけることになるのだろう。そこに日本人はいるのだろうか。

おわりに

二〇一七年一〇月、私はボスニア・ヘルツェゴヴィナを初めて訪れた。それ以後、この国に足を運び続けている。

モスタルでは、クロアチア系地域の十字架山ばかりが目についていたが、繰り返し訪れるうちに、ムスリム系地域側の山の頂に、その十字架に対抗するかのように、紺色と黄色の大きな国旗がはためいているのに気づくようになった。滑らないように苦労したスタリ・モストを渡るのはお手のものとなった。その橋からネレトヴァ川へ飛び込むモスタルの名物イベントで活躍するジャンパーの夫婦と、橋のたもとのカフェでボスニアのコーヒー片手に会話を楽しんだ。ロマの子どもたちのことを考えた。

スレブレニツァでは、大虐殺で夫を殺された未亡人の家に泊まって話を聞いた。スレブレニツァの町を一人、歩いた。町の中心には大きなスーパーマーケットが入ったビルや新しいホテルができていて、最初の訪問時に走り抜けた車の助手席側からは見えなかった近代的な風景があった。そして、ポトチャリのメモリアルコンパウンドに繰り返し足を運び、悲劇を見つめ直し、現地スタッフからも多くの話を聞いた。

サラエヴォでは、片言の日本語を話す、日本びいきのボシュニャク人女性と知り合った。ラマダン明けの大砲の音を聞いた。にこやかな警察官からとても礼儀正しい職務質問を受けた。クロアチアに近いメジュゴリエというローマ教皇庁非公認の聖地で、カトリックの信仰と残虐行為について考え続けた。

最初に訪れなかった土地にも足を伸ばしている。サラエヴォから行くとモスタルよりもっと手前の町で、旧ユーゴの冷戦時代の軍事シェルターが新しく発見された。モスタルで見た秘密の軍事基地よりもはるかに大がかり、かつ非現実的な極秘の核シェルター施設で、ティトーがボスニア・ヘルツェゴヴィナに密かにこうした重要軍事拠点を築いていたことには驚かされるばかりだ。

本書は、最初の訪問時の体験を軸に、民族紛争とポスト紛争国としての側面に焦点を当てて書かれているため、こうしたエピソードには触れていない。この国がいかに様々な顔を持ち、光と影が交錯する不思議な魅力にあふれているかをお伝えしたくて、最後につけ加えた。なお、本書には、関連裁判など、今後もさらに動きが出てくる事項が含まれている。こうしたものについては、執筆段階と事態が変わる場合があることを、ご承知おき頂きたい。

自分のレゾンデートルや立ち位置を発見したり、確認したりすることが複雑で困難な一生涯の課題であるのは、どの国の、どの民族の人間にとっても同じことだろう。私の前にもいつもその課題はあって、その前で行ったり来たりしている。ボスニア・ヘルツェゴヴィナの平和を考え続けるのも、その行ったり来たりの一つだ。そして私はこれからも、世界の人たちと同じように、そういうことを繰り返すのだろう。自分の中に残った想いを追いかけて、みんなの平和を祈りながら。

ボスニア・ヘルツェゴヴィナでは、行く先々で現地の方々にお世話になっている。特に、本書のために多くのご協力を頂いた上、ご自身の体験をも語ってくれたスレブレニツァ・ポトチャリ追悼記念センターのアルマ・ベジッチ部長には、心からの敬意と感謝の念を表したい。また、本書の出版にあたっては、大学教育出版の佐藤守社長に大変お世話になった。心より感謝申し上げる。

二〇一九年十月

晏生莉衣

略語一覧

EC	European Communities
EU	European Union
EUFOR	European Union Force
ICTY	International Criminal Tribunal for the former Yugoslavia
IFOR	Implementation Force
ILO	International Labour Organization
MICT	United Nations International Residual Mechanism for Criminal Tribunals
NATO	North Atlantic Treaty Organization
NIOD	Nederlands Instituut voor Oorlogsdocumentatie (Netherlands Institute for War Documentation).（現在は NIOD Institute for War, Holocaust and Genocide Studies）
OSCE	Organization for Security and Co-operation in Europe
SFOR	Stabilisation Force
UN	United Nations
UNAVEMII	United Nations Angola Verification Mission II
UNHCR	United Nations High Commissioner for Refugees
UNITAF	Unified Task Force
UNMIT	United Nations Integrated Mission in Timor-Leste
UNMOT	United Nations Mission of Observers in Tajikistan
UNOSOMII	United Nations Operation in Somalia II
UNPROFOR	United Nations Protection Force
UNTAC	United Nations Transitional Authority in Cambodia

主要参考文献

Akashi, Yasushi. "The Use of Force in a United Nations Peace-Keeping Operation: Lessons Learnt from the Safe Areas Mandate." *Fordham International Law Journal*. Vol.19, Iss. 2 (1995) 312-323.

Appleby, R. Scott. *The Ambivalence of the Sacred: Religion, Violence, and Reconciliation*. Rowman & Littlefield Publishers, 1999.

Burg, Steven L. and Paul S. Shoup. *The War in Bosnia Herzegovina: Ethnic Conflict and International Intervention*. M.E. Sharpe, 1999.

Council of Europe, Parliamentary Assembly. *Fourth Information Report on War Damage to the Cultural Heritage in Croatia and Bosnia-Herzegovina*, presented by the Committee on Culture and Education. doc. 6999. (19 January 1994).

Council of Europe, Parliamentary Assembly. *Honouring of obligations and commitments by Bosnia and Herzegovina*. 15 December 2017, provisional version.

Dutch Institute for War Documentation. *Srebrenica, a 'safe' area - Reconstruction, background, consequences and analyses of the fall of a safe area*. (10 April 2002).

Hasanović, *Hasan*. *Surviving Srebrenica*. Lumphanan Press. 2016.

Honig, Jan W. and Norbert Both. *Srebrenica: Record of War Crime*. Penguin Books, 1996.

International Commission on Missing Persons. *Srebrenica Infographic 2018*. (26 June 2018).

International Criminal Tribunal for the former Yugoslavia. Case documents (1995-2017).

International Criminal Tribunal for the Former Yugoslavia. Srebrenica

Investigation: Summary of Forensic Evidence - Execution Points and Mass Graves. by Dean Manning, ICTY Investigator. (16 May 2000).

International Criminal Tribunal for the Former Yugoslavia. Witness Statement by Saliha Osmanovic. (18 June 2000); and Cantonal Court in Tuzla Record of Witness Interview no.KI:247/96, Translation 00969187. (19 June 2000).

Israeli, Raphael, and Albert Benabou. *Savagery in the Heart of Europe*. Strategic Book Publishing & Rights Agency, 2013.

Johnston, Douglas. *Faith- Based Diplomacy Trumping Realpolitik*. Oxford University Press, 2008.

Kurspahic, Kemal. *Prime Time Crime: Balkan Media in War and Peace*. United States Institute of Peace, 2003.

Lowry, Heath W. *The Nature of the Early Ottoman State*. SUNY Press, 2003.

Maček, Ivana. "Predicament of War: Sarajevo experiences and ethnics of war." in *Anthropology of Violence and Conflict*, edited by Bettina Schmidt and Ingo Schroeder. Routledge, 2001.

Médecins Sans Frontières. *MSF and Srebrenica 1993 – 2003*. (June 2015).

Morrison, Kenneth. *Sarajevo's Holiday Inn on the Frontline of Politics and War*. Palgrave Macmillan, 2016.

Netherlands Institute for War Documentation (NIOD). *Srebrenica, a 'safe' area - Reconstruction, background, consequences and analyses of the fall of a safe area*. NIOD, 2002

Palmberger, Monika. *How Generations Remember: Conflicting Histories and Shared Memories in Post-War Bosnia and Herzegovina*. Palgrave Macmillan, 2016.

Petrovic, Jadranka. *The Old Bridge of Mostar and Increasing Respect for Cultural Property in Armed Conflict*. Martinus Nijhoff Publishers, 2012.

Pond, Elizabeth. *Endgame in the Balkans: Regime Change, European Style*. Brookings Institution Press, 2007.

Powers, Gerard F. "Religion, Conflict and Prospects for Peace in Bosnia, Croatia and Yugoslavia." *Journal of International Affairs*, vol. 50, no. 1, Religion: Politics, Power and Symbolism (Summer 1996): 221-252

Prentiss, Graig R. *Religion and the Creation of Race and Ethnicity*. NYU Press, 2003.

Toal, Gerard. "War and a Herzegovinian town: Mostar's Un-bridged Divisions." in *Politics of Identity in Post-Conflict States*, edited by Éamonn Ó Ciardha and Gabriela Vojvoda. Routledge, 2015.

United Nations, Department of Peacekeeping Operations and Department of Field Support. *United Nations Peacekeeping Operations: Principles and Guidelines*. 2008.United Nations, Security Council. *Final Report of the Commission of Experts Established Pursuant to Security Council Resolution 780 (1992)*. S/1994/674 (27 May 1994).

United Nations, Security Council. *Report of the Secretary-General Pursuant to Security Council Resolution 836 (1993)*. S/25939 (14 June 1993) and Corr.1 and Add.1.

United Nations, Security Council. *Report of the Secretary-General Pursuant to Security Council Resolution 844 (1993)*. S/1994/555. (9 May 1994).

United Nations, Security Council. *Report of the Secretary-General Pursuant to Security Council Resolution 947 (1994)*. S/1995/222. (22 March 1995).

United Nations, Security Council. *Report of the Secretary-General Submitted Pursuant to Security Council Resolution 1010 (1995)*. S/1995/755. (30 August 1995).

United Nations, Security Council. *Report of the Secretary-General Submitted Pursuant to Security Council Resolution 1019 (1995) on Violations of International Humanitarian Law in the Areas of Srebrenica, Zepa,*

Banja Luka and Sanski Most. S/1995/988. (27 November 1995).

United Nations, Security Council. *Report of the Secretary-General Pursuant to General Assembly resolution 53/35: The fall of Srebrenica*. A/54/549. (15 November 1999).

United Nations. Security Council Resolutions including: 758 (1992), S/RES/758 (8 June 1992); 761 (1992), S/RES/761 (29 June 1992); 776 (1992), S/RES/776 (14 September 1992); 781 (1992), S/RES/781 (9 October 1992); 819 (1993), S/RES/819 (16 April 1993); 824 (1993), S/RES/824 (6 May 1993); 836 (1993), S/RES/836 (4 June 1993); 844 (1993), S/RES/844 (18 June 1993); 900 (1994), S/RES/900 (4 March 1994); 908 (1994), S/RES/908 (31 March 1994); 941 (1994), S/RES/941 (23 September 1994); 1004 (1995), S/RES/1004 (12 July 1995); 1010 (1995) S/RES/1010 (10 August 1995); 1031 (1995), S/RES/1031 (15 December 1995); 1034 (1995), S/RES/1034. (21 December 1995).

United Nations Educational, Scientific and Cultural Organization, World Heritage Convention World Heritage Committee. Evaluations of Cultural Properties. Prepared by International Council on Monuments and Sites. WHC-05/29.COM/INF.8B.1. 2005.

Weine, Stevan M. *When History is a Nightmare*. Rutgers University Press, 1999.

Williams, Rhodri C. "Post-Conflict Property Restitution and Refugee Return in Bosnia and Herzegovina: Implications for International Standard Setting and Practice." *New York University journal of international law & politics*. vol. 37, no. 3. (March 2005).

BBC News, Independent, Guardian, Reuters, New York Times, Washington Post, Al Jazeera, AFP 等の主要海外メディア報道

日本語文献
イヴォ・アンドリッチ、松谷健二訳『現代東欧文学全集第 12 ドリナの橋』恒文社、1966 年
柴宜弘『ユーゴスラヴィア現代史』岩波新書、1996 年
柴宜弘『バルカンの歴史』河出書房新社、2015 年
中村義博『ユーゴの民族対立』サイマル出版会、1994 年

協力
Memorial Center Srebrenica-Potocari Memorial and Cemetery for the Victims of 1995 Genocide.

■著者紹介

晏生　莉衣（あんじょう・まりい）Marii ANJO

国際協力専門家。教育学博士。コロンビア大学教育大学院博士課程修了。アメリカ、フランス、アジア、アフリカの途上国など、世界各地で国際平和構築分野の研究や支援活動に、長年にわたって従事。紛争解決の理論と実践、平和教育、国際人権、ジェンダーなどの多様なテーマに取り組む。日本における異文化理解にも力を注いでいる。

他国防衛ミッション

二〇一九年一二月二〇日　初版第一刷発行

■著　　者――晏生莉衣
■発 行 者――佐藤　守
■発 行 所――株式会社大学教育出版
〒七〇〇－〇九五三　岡山市南区西市八五五－四
電　話（〇八六）二四四－一二六八㈹
ＦＡＸ（〇八六）二四六－〇二九四
■印刷製本――モリモト印刷㈱
■Ｄ Ｔ Ｐ――林　雅子

ISBN978－4－86692－055－9